W0286866

Huit questions de poétique

Ouvrages
de Roman Jakobson

TRADUITS EN FRANÇAIS

Langage enfantin et Aphasie
éd. de Minuit

Essais de linguistique générale
éd. de Minuit

Questions de poétique
éd. du Seuil

La charpente phonique du langage
(en collaboration avec Linda Waugh)
éd. de Minuit

Roman Jakobson

Huit questions de poétique

Éditions du Seuil

EN COUVERTURE

Henri Rousseau, *The Dream* (1910), détail.
Museum of modern art, New York,
photo Snark International. © SPADEM.

ISBN 2-02-004680-6

© ÉDITIONS DU SEUIL, 1977.

La loi du 11 mars 1957 interdit les copies ou reproductions destinées à une utilisation collective. Toute représentation ou reproduction intégrale ou partielle faite par quelque procédé que ce soit, sans le consentement de l'auteur ou de ses ayants cause, est illicite et constitue une contrefaçon sanctionnée par les articles 425 et suivants du Code pénal.

Ce volume est publié sous la direction
de Tzvetan Todorov

Avertissement

Le présent recueil se compose de textes écrits pendant plus d'un demi-siècle, le plus ancien (la Nouvelle Poésie russe) *datant de 1919, le plus récent* (Structures linguistiques subliminales en poésie), *de 1970.*

Le recueil se divise en deux parties. La première suit l'ordre chronologique d'écriture et réunit des textes consacrés à la théorie littéraire et écrits entre les deux guerres. La seconde est organisée de manière systématique autour d'un thème : poésie de la grammaire, grammaire de la poésie. Les deux premiers textes exposent l'hypothèse de base, les deux derniers l'illustrent à l'aide de différents exemples. Toutes ces études ont été écrites depuis la Seconde Guerre mondiale.

Ces textes sont extraits du volume Questions de poétique, *paru aux Éditions du Seuil en 1973 (coll. « Poétique ») qui comporte vingt et une autres études de Roman Jakobson.*

1

Fragments de « La nouvelle poésie russe »

Esquisse première : Vélimir Khlebnikov [a]

I

[...] Lorsqu'on traite des phénomènes linguistiques du passé, on évite difficilement une vision schématique et en quelque sorte mécanique. Non seulement le profane mais le philologue lui-même comprend mieux la conversation familière d'aujourd'hui que la langue du Stoglav [b]. De même, les vers de Pouchkine nous sont, *en tant que fait poétique*, moins compréhensibles, moins intelligibles que ceux de Maïakovski ou de Khlebnikov.

Nous percevons tout trait du langage poétique actuel en relation nécessaire avec trois ordres : la tradition poétique présente, le langage quotidien [*prakticheskij*] d'aujourd'hui, et la tendance poétique qui préside à cette manifestation particulière.

Voici comment Khlebnikov caractérise ce dernier moment : « Lorsque je remarquais comme pâlissaient soudain les anciens vers, lorsque le futur en eux caché devenait un aujourd'hui, j'ai compris que la patrie de la création est le futur.

a. *Novejshaja russkaja poezija. Nabrosok pervyj. Viktor Khlebnikov* (Prague, 1921), 68 p. Le choix des fragments est dû à Tzvetan Todorov. Les passages omis sont signalés par [...].

b. *Stoglav* (litt. « aux cent chapitres ») : recueil comportant les décisions du Concile du même nom, réuni en 1551.

C'est de là que souffle le vent envoyé par les dieux du mot. »

Si donc nous nous intéressons aux poètes du passé, ces trois ordres doivent être rétablis, ce qu'on ne réussit que partiellement et avec peine.

En leur temps, les vers de Pouchkine étaient, selon l'expression d'une revue contemporaine, « un phénomène dans l'histoire de la langue et de la versification russes », et, à cette époque, le critique ne se penchait pas encore sur la « sagesse de Pouchkine », mais se demandait : « Comment se fait-il que ces beaux vers aient un sens? Comment se fait-il qu'ils n'agissent pas seulement sur notre ouïe? »

Aujourd'hui Pouchkine est un objet familier, un puits de philosophie domestique. Les vers de Pouchkine sont acceptés pour tels sans preuves, ils sont pétrifiés et sont devenus l'objet d'un culte. Ce n'est pas un hasard si, l'année passée, des spécialistes de Pouchkine comme Lerner et Chtchegolev se sont laissé prendre en considérant les imitations habiles d'un jeune poète comme une œuvre authentique du maître.

Aujourd'hui on tire des vers à la Pouchkine aussi facilement que de faux billets : ils n'ont pas de valeur intrinsèque et ne peuvent servir que comme substituts de pièces sonnantes et trébuchantes.

Nous avons tendance à parler de la légèreté, de l'imperceptibilité de la technique comme une caractéristique de Pouchkine, ce qui n'est qu'une erreur de perspective. Le vers de Pouchkine est pour nous un cliché; on en conclut naturellement qu'il est simple. Il en allait tout autrement pour les contemporains de Pouchkine. Regardez leurs réactions, écoutez Pouchkine lui-même. Par exemple l'ïambe à cinq pieds sans césure est pour nous fluide et facile. Pouchkine, lui, le *sentait*, c'est-à-dire qu'il le sentait comme une forme difficile, comme une désorganisation de la forme antérieure.

Pour tout vous avouer, dans la ligne à cinq pieds,
J'aime la césure au deuxième pied.
Sinon le vers est tantôt dans les fosses et tantôt sur des bosses,
Et bien qu'étendu maintenant sur un canapé,
Il me semble toujours que, dans une course cahotante,
On galope dans une charrette sur des pâturages gelés.

La forme existe tant qu'il nous est difficile de la percevoir, tant que nous sentons la résistance de la matière, tant que nous hésitons : est-ce prose ou vers, tant qu'on a « mal aux mâchoires », comme le général Ermolov à la lecture des vers de Griboïedov, selon le témoignage de Pouchkine lui-même?

Cependant, même aujourd'hui la science ne se préoccupe que des poètes morts, et si elle touche sporadiquement aux vivants, ce ne sont que les éteints, ceux qui ont déjà gagné à la loterie littéraire. Ce qui est devenu truisme dans la science du langage quotidien reste hérésie dans celle du langage poétique, qui, de manière générale, s'est maintenue jusqu'à présent à l'arrière-garde de la linguistique.

Les spécialistes de la poésie du passé imposent habituellement à ce passé leurs habitudes esthétiques, y projettent les méthodes courantes de production poétique. De là vient l'inconsistance scientifique des théories rythmiques des modernistes qui ont inscrit et lu dans Pouchkine la déformation actuelle du vers syllabotonique. C'est du point de vue du présent que l'on examine — pire même, que l'on apprécie — le passé; or une poétique scientifique n'est possible qu'à condition qu'elle renonce à toute appréciation : ne serait-il pas absurde qu'un linguiste jugeât, dans l'exercice de sa profession, des mérites comparés des adverbes? La théorie du langage poétique ne pourra se développer que si on traite la poésie comme un fait social, que si l'on crée une sorte de dialectologie poétique.

Du point de vue de cette dernière, Pouchkine est le centre

de la culture poétique d'un certain moment, avec une certaine zone d'influence. De ce point de vue, on peut subdiviser les dialectes poétiques d'une zone qui tendent vers le centre culturel d'une autre, à la manière des dialectes du langage quotidien, en : dialectes *transitoires*, qui ont emprunté au centre d'attraction une série de configurations; dialectes *semi-transitoires*, qui ont emprunté au centre d'attraction certaines visées [*ustanovki*] poétiques; et dialectes *mixtes* qui adoptent des traits ou des procédés étrangers isolés. Enfin, il faut tenir compte de l'existence de dialectes archaïsants, dont le centre d'attraction appartient au passé. [...]

II

[...] Dans la poésie des futuristes italiens, ce sont les nouveaux faits, les nouveaux concepts qui provoquent la rénovation des moyens, la rénovation de la forme artistique; c'est ainsi que naît par exemple *parole in libertã*. C'est une réforme dans le domaine du reportage, non dans celui du langage poétique. [...]

Le mobile décisif de l'innovation reste le désir de communiquer les nouveaux faits du monde physique et psychique.

Le futurisme russe a mis en avant un principe tout autre.

« Puisqu'il y a une nouvelle forme, il y a aussi un contenu nouveau, la forme détermine ainsi le contenu.

Notre création verbale jette sur tout une lumière nouvelle.

Ce ne sont pas les nouveaux objets de la création qui décident de sa véritable nouveauté.

La nouvelle lumière, jetée sur le vieux monde, peut produire le jeu le plus fantasque » (Kroutchennykh dans le recueil *les Trois*).

Ici on prend clairement conscience du but poétique, et ce sont précisément les futuristes russes qui ont fondé la poésie du « mot autonome [*samovitoe*], à valeur autonome [a] » en tant que matériau dénudé *canonique*. Et on ne sera plus surpris de voir que les longs poèmes de Khlebnikov concernent tantôt le cœur de l'âge de pierre, tantôt la guerre russo-japonaise, tantôt les temps du prince Vladimir, ou la campagne d'Asparoukh [b], tantôt l'avenir universel. [...]

Selon la formulation du professeur Chtcherba, dans la pensée verbale quotidienne « la conscience ne distingue pas les sensations reçues et le résultat de l'assimilation comme deux moments séparés dans le temps, autrement dit nous ne sommes pas conscients de la différence entre les sensations objectivement données et le résultat de cette perception ».

Dans les langages émotionnel et poétique, les représentations verbales (phonétiques et sémantiques) attirent sur elles une attention plus grande, le lien entre l'aspect sonore et la signification se resserre. Pour cette raison, le langage devient plus révolutionnaire, puisque les associations habituelles de contiguïté [*smezhnost'*] passent à l'arrière-plan. Voir par exemple la vie riche en changements phonétiques et morphologiques des mots-appellations, par conséquent des noms propres des personnes en général.

Mais là s'arrête la parenté du langage émotionnel avec le langage poétique. Si dans le premier l'affect commande la masse verbale, si précisément « la vapeur de l'agitation fait exploser, dans son impétuosité, la cheminée de la période syntaxique [c] », la poésie, qui n'est rien d'autre qu'un *énoncé visant à l'expression*, est dirigée, pour ainsi dire, par des lois immanentes. La fonction communicative, propre à la fois

a. Le mot *samovitoe* est un néologisme. Pour la doctrine explicite de Khlebnikov, cf. « Livre des préceptes », *Poétique*, I, 1970, 1-2.

b. Le grand prince de Kiev Vladimir Sviatoslavovitch a régné entre 978 et 1015. Asparoukh (ou Isperikh) est le fondateur de l'État bulgare et a vécu approximativement de 646 à 700.

c. Extrait d'un manifeste de Marinetti, le chef de file du futurisme italien.

au langage quotidien et au langage émotionnel, est réduite ici au minimum. La poésie est indifférente à l'égard de l'objet de l'énoncé, de même que la prose pratique, ou plus exactement objective *(sachliche)*, est indifférente, mais dans le sens inverse, à l'égard, disons, du rythme (ainsi que le disait déjà Saran [a]).

Bien sûr, la poésie peut utiliser les méthodes voisines du langage émotionnel dans ses propres buts, et une telle utilisation caractérise particulièrement les étapes initiales dans le développement de telle ou telle école poétique, par exemple du romantisme. Mais ce ne sont pas les *Affektträger*, selon la terminologie de Sperber [b], les interjections, les mots interjetés du reportage hystérique que décrètent les futuristes italiens, qui forment le langage poétique.

Si les arts plastiques sont une mise en forme du matériau visuel à valeur autonome, si la musique est la mise en forme du matériau sonore à valeur autonome, et la chorégraphie, du matériau gestuel à valeur autonome, alors la poésie est la mise en forme du mot à valeur autonome, du mot « autonome », comme dit Khlebnikov.

La poésie c'est le langage dans sa fonction esthétique.

Ainsi, l'objet de la science de la littérature n'est pas la littérature mais la littérarité, c'est-à-dire ce qui fait d'une œuvre donnée une œuvre littéraire. Pourtant, jusqu'à maintenant, les historiens de la littérature ressemblaient plutôt à cette police qui, se proposant d'arrêter quelqu'un, saisirait à tout hasard tout ce qu'elle trouverait dans la maison, de même que les gens qui passent dans la rue. Ainsi les historiens de la littérature se servaient de tout : vie personnelle, psychologie, politique, philosophie. Au lieu d'une science de la

a. Allusion à l'ouvrage de Franz Saran, *Deutsche Verslehre*, Munich, 1907.

b. Allusion à l'ouvrage de Hans Sperber, *Über den Affekt als Ursache der Sprachveränderung*, Halle, 1914.

littérature, on créait un conglomérat de recherches artisanales, comme si l'on oubliait que ces objets reviennent aux sciences correspondantes : l'histoire de la philosophie, l'histoire de la culture, la psychologie, etc., et que ces dernières peuvent parfaitement utiliser les monuments littéraires comme des documents défectueux, de deuxième ordre. Si les études littéraires veulent devenir science, elles doivent reconnaître le *procédé* comme leur « personnage » unique. Ensuite la question fondamentale est celle de l'application, de la justification du procédé.

Le monde de l'émotion, les troubles de l'âme forment une des applications, plus exactement une des justifications les plus habituelles du langage poétique, c'est le fourre-tout où l'on entasse ce qui ne peut être justifié, appliqué en pratique, ce qui ne peut être rationalisé.

Lorsque Maïakovski dit :

Je vous ouvrirai avec des mots simples comme un mugissement
Vos âmes nouvelles qui hurlent comme les arcs des réverbères...

le fait poétique est dans « mots simples comme un mugissement », alors que l'âme est un fait secondaire, accessoire, surajouté.

On caractérise constamment les romantiques comme les premiers explorateurs de l'univers mental, comme les bardes des expériences intérieures. Cependant les contemporains pensaient le romantisme uniquement comme une rénovation formelle, comme une destruction des unités classiques. Or le témoignage des contemporains est seul probant. [...]

Chez Khlebnikov : « Il y a un gourmand, un gros bedon qui aime percer avec une broche les âmes humaines précisément, il jouit légèrement du grésillement et du craquement, ou en voyant les gouttes brillantes qui tombent dans le feu, qui glissent vers le bas, et ce gros bedon est la ville. »

Qu'est-ce : une contradiction logique?

Mais laissons les autres imputer au poète les pensées énoncées dans ses œuvres! Faire assumer au poète la responsabilité des idées et des sentiments est aussi absurde que l'était le comportement du public médiéval qui rouait de coups l'acteur jouant Judas; que d'accuser Pouchkine d'avoir tué Lenski [a].

Pourquoi le poète serait-il davantage responsable du duel des pensées que du duel des épées ou des pistolets?

Il faut remarquer ici que dans l'œuvre littéraire nous manions essentiellement non la pensée, mais les faits verbaux. Le moment n'est pas encore venu de s'arrêter sur cette grande et difficile question. Je donnerai seulement, à titre d'illustration, quelques exemples de parallélisme formel que n'accompagne aucun parallélisme sémantique. [...]

« Le marchand demande au marin : comment est mort ton père? — Péri en mer. — Et le grand-père? — De même. — Comment oses-tu alors partir en mer? — Et comment est mort ton père? — Dans son lit. — Et le grand-père? — De même. — Comment oses-tu alors te coucher dans ton lit? » *(Conte moral)*.

Ces exemples se caractérisent avant tout par le fait que les formes de cas identiques prennent des significations différentes. Ainsi dans la dernière histoire « en mer » a, outre la signification locative de « dans son lit », une nuance causale, ce qui n'empêche pas de fonder la morale sur l'identité formelle.

Ainsi les théorisations des poètes révèlent souvent des inconsistances logiques, car elles représentent une transposition illégitime d'une opération poétique en science ou en philosophie : la marche logique a été remplacée par une tresse verbale. [...]

a. Lenski est un personnage du roman en vers de Pouchkine *Eugène Onéguine*. Il est tué en duel par Onéguine.

On vient de caractériser la métamorphose comme la réalisation d'une construction verbale; habituellement, cette réalisation consiste à projeter dans le temps le parallélisme inversé (plus particulièrement l'antithèse). Si le parallélisme négatif rejette la série métaphorique au nom de la série littérale, le parallélisme inversé nie la série littérale au nom de la série métaphorique. [...]

La poésie érotique, entre autres, est riche en exemples de parallélisme inversé.

Supposons qu'on nous présente une image réelle, la tête, et que sa métaphore soit le tonneau. Le parallélisme négatif sera : « Ce n'est pas un tonneau mais une tête ». Le parallélisme rendu logique (la comparaison) : « cette tête est comme un tonneau ». Parallélisme inversé : « ce n'est pas une tête mais un tonneau ». Et enfin, la projection du parallélisme inversé dans le temps (la métamorphose) : « la tête est devenue un tonneau » (« cette tête n'est plus une tête mais un tonneau »). [...]

L'effacement de la frontière entre sens concret et sens transposé est un phénomène propre au langage poétique. La poésie manie souvent des images concrètes comme si c'étaient des figures verbales (procédé de concrétisation inversée) : c'est le cas des calembours. [...]

Le symbolisme comme école poétique est fondé sur la conversion des images de la réalité en tropes, sur leur métaphorisation.

L'idée de l'espace comme une convention picturale et du temps idéographique s'infiltre dans la science de l'art. Mais le problème du temps et de l'espace comme formes du langage poétique est encore étranger à la science. La violence que le langage exerce sur l'espace littéraire est particulièrement nette dans le cas des descriptions, lorsque les parties coexistant dans l'espace sont disposées en une succession temporelle. A la suite de quoi Lessing va jusqu'à écarter la poésie descriptive ou encore fait passer dans les choses la violence purement linguistique, en motivant la succession temporelle narrative par une succession temporelle réelle, c'est-à-dire en décrivant l'objet à mesure que celui-ci apparaît, l'habit, à mesure qu'on le met, etc.

Quant au temps littéraire, c'est le procédé de déplacement temporel qui offre à la recherche un champ particulièrement vaste. J'ai cité déjà les mots du critique : « Byron a commencé à raconter à partir du milieu de l'incident, ou de sa fin. » Voir par exemple *la Mort d'Ivan Ilitch* où le dénouement est donné avant le récit. Voir *Oblomov* où le déplacement temporel est justifié par le rêve du héros, etc. Il existe une classe particulière de lecteurs qui imposent ce procédé à toute œuvre littéraire, en commençant par lire le dénouement. Comme expérience de laboratoire, on trouve le déplacement temporel chez Edgar Poe, dans *le Corbeau*, qui a été inversé seulement après avoir été achevé.

Chez Khlebnikov le déplacement temporel est dénudé, c'est-à-dire immotivé. [...]

Certaines œuvres de Khlebnikov sont écrites suivant la méthode d'enfilage libre de motifs variés. Tel est *le Diablotin*, tels sont *les Enfants de la loutre* [a]. (Les motifs librement enfilés ne découlent pas l'un de l'autre par nécessité logique mais se combinent selon le principe de la ressemblance ou du contraste formels; cf. *le Décaméron*, où les nouvelles d'un jour sont réunies par la même exigence à l'égard du sujet.) Ce procédé est consacré par son ancienneté séculaire, mais chez Khlebnikov il est dénudé : le fil justificatif manque. [...]

a. Cf. la traduction française de ces poèmes dans : Vélimir Khlebnikov, *Choix de poèmes*, traduit du russe par Luda Schnitzer, Honfleur, 1967.

III

La langue parlée a servi de matériau pour une grande partie des œuvres de Khlebnikov. Mallarmé disait aussi qu'il servait au bourgeois les mots que celui-ci lit tous les jours dans son journal, mais qu'il les servait dans une combinaison déroutante.

L'inconnu surgit et frappe uniquement sur le fond du connu. Il arrive un moment où le langage poétique traditionnel se fige, cesse d'être senti, commence à être vécu comme un rite, comme un texte canonique, dont les erreurs mêmes paraissent sacrées. Le langage de la poésie se couvre de patine, ni les tropes ni les licences poétiques ne disent plus rien à l'esprit. [...]

La forme se saisit du matériau, le matériau est entièrement recouvert par la forme, elle devient un stéréotype et meurt. L'arrivée d'un matériau nouveau, d'éléments frais du langage quotidien devient nécessaire si l'on veut que les constructions poétiques irrationnelles réjouissent, effraient et touchent de nouveau. [...]

Nous parlons de l'union harmonieuse des mots chez Pouchkine, alors que les contemporains trouvaient qu'ils hurlaient à cause des combinaisons inattendues dans lesquelles ils entraient.

L'extinction de la forme esthétique n'est pas propre à la seule poésie. [...]

D'où la conclusion naturelle qu'on ne peut regarder un tableau qu'au musée, une fois recouvert par la moisissure des siècles. D'où naturellement l'exigence de figer le langage des poètes du passé, d'imposer leur vocabulaire, syntaxe et sémantique comme norme.

La poésie se sert de « mots inhabituels ». En particulier, est inhabituelle la « glosse » (Aristote). On rapporte ici les archaïsmes, les barbarismes, les provincialismes. Mais les symbolistes oublient ce qui était clair pour Aristote : « Un même nom peut être aussi bien une glosse qu'un mot de l'usage courant, mais non chez les mêmes personnes. » Ils oublient que la glosse de Pouchkine n'est plus glosse dans le langage poétique actuel, mais stéréotype. Ainsi Viatcheslav Ivanov finit par recommander aux jeunes poètes d'utiliser de préférence le vocabulaire de Pouchkine : si le mot se trouve chez Pouchkine, c'est un critère suffisant de sa poéticité. [...]

IV

La syntaxe de Khlebnikov (remarques isolées).

[...] *Pechkovski* : la verbalité est la forme fondamentale de notre pensée linguistique. Le prédicat-verbe est la partie la plus importante de la phrase et de notre discours en général.

Souvent l'absence de verbes est une tendance caractéristique du langage poétique. [...]

V

Épithètes. [...]

Une fonction fréquente de l'épithète est d'indiquer simplement que la forme syntaxique d'adjectif qualificatif est présente; autrement dit, il s'agit d'une dénudation de l'adjectif qualificatif. Chez Pouchkine et ses contemporains, cette fonction était remplie, d'une part, selon la juste remarque de O. M. Brik, par des « épithètes indifférentes » (du type « pure beauté », « admirable tête » ou même « un tel roi », « une telle année »); d'autre part, par des épithètes extérieures qui n'ont, selon l'expression d'un contemporain de Pouchkine, « aucun rapport perceptible avec les noms qu'ils qualifient », par des épithètes que ce critique propose d'appeler « noms accolatifs » (*Athénée*, 1828, « Eugène Onéguine », article de V.). C'est ce dernier type d'épithètes qui caractérise aussi Khlebnikov. [...]

Comparaisons. Le problème de la comparaison poétique chez Khlebnikov est extrêmement complexe. Je me contenterai ici de poser quelques jalons.

Qu'est-ce qu'une comparaison poétique? En laissant de côté sa fonction symétrique, on peut caractériser la comparaison comme l'un des moyens d'introduire dans la tournure poétique une série d'éléments qui ne sont pas amenés par la marche logique de la narration.

Chez Khlebnikov, les comparaisons ne sont presque jamais justifiées par une impression réelle de ressemblance entre les objets, mais apparaissent en fonction de la composition.

En utilisant la formulation imagée de Khlebnikov, à savoir qu'il y a des mots qui permettent de voir, des mots-yeux, et des mots-mains, qui permettent de faire, on dira : Khlebnikov pratique précisément les comparaisons-mains.

Chez Khlebnikov les juxtapositions se contaminent.

« Comme une voile noire la mer blanche des prunelles féroces traversaient en biais les yeux. Les terribles yeux blancs se levaient vers les sourcils en tête de mort, pendue par les cheveux » *(Esir)*.

(Les images sont contaminées : la couleur, le blanc par le noir; la ligne, la mer par la voile.) [...]

VI

Cette visée de l'expression, de la masse verbale, que je qualifie de moment unique et essentiel de la poésie, touche non seulement aux combinaisons de mots, mais aussi à la forme du mot. L'association mécanique par contiguïté entre le son et le sens se réalise d'autant plus rapidement qu'elle est plus habituelle. D'où le caractère conservateur du langage quotidien. La forme du mot meurt rapidement.

En poésie, le rôle de l'association mécanique est réduit au minimum, alors que la dissociation des éléments verbaux acquiert un intérêt exceptionnel. Les éléments dissociés forment facilement des combinaisons nouvelles. Les affixes morts s'animent. [...]

La poésie connaît le jeu des suffixes depuis longtemps, mais ce n'est que dans la nouvelle poésie, et en particulier chez Khlebnikov, que celui-ci devient un procédé conscient et légitime. [...]

L'économie des mots est étrangère à la poésie à moins qu'elle ne soit exigée par un objet esthétique spécifique. Le néologisme enrichit la poésie sous trois rapports :

1. Il crée une tache euphonique éclatante alors que les vieux mots vieillissent aussi phonétiquement, effacés par l'usage fréquent, et surtout parce qu'on ne perçoit qu'en partie leur constitution phonique.

2. On cesse facilement d'être conscient de la forme des mots dans le langage quotidien, celle-ci meurt, se pétrifie, alors qu'on est obligé de percevoir la forme du néologisme poétique, qui nous est donnée, pour ainsi dire, *in statu nascendi.*

3. A un moment donné, le sens d'un mot est plus ou moins statique, alors que le sens du néologisme est déterminé, dans une large mesure, par le contexte ; de surcroît, il oblige le lecteur à une pensée étymologique. De manière générale, l'étymologie joue toujours un grand rôle en poésie; on distinguera deux types de cas :

a) rénovation du sens. Voir par exemple *touchnye tuchi* (les nuages gros, étym. nuageux) chez Derjavine. On peut obtenir une telle rénovation non seulement par la juxtaposition de mots ayant même racine, mais aussi en employant le mot dans son sens premier alors qu'on n'utilise couramment que le sens figuré. [...]

b) étymologie poétique. Parallèle à l'étymologie populaire du langage quotidien. [...] La majorité des calembours, des jeux de mots est construite sur l'étymologie poétique. [...]

Les exemples ici énumérés de déformation sémantique et phonétique du mot poétique se voient pour ainsi dire à l'œil nu; mais en fait chaque mot du langage poétique est déformé par rapport au langage quotidien — aussi bien phonétiquement que sémantiquement.

L'absence possible de tout objet désigné est une propriété importante du néologisme poétique. La loi de l'étymologie poétique fonctionne, la forme verbale, interne et externe, est vécue, mais ce que Husserl appelle *dinglicher Bezug* est absent. (Dans une certaine mesure aucun mot poétique n'a d'objet. Ce à quoi pensait le poète français qui disait que la fleur poétique est *l'absente de tous bouquets*.)

VII

Le langage poétique connaît un procédé élémentaire : le rapprochement de deux unités.

Les variantes sémantiques de ce procédé sont : le parallélisme, la comparaison (cas particulier du parallélisme), la métamorphose (parallélisme projeté dans le temps), la métaphore (parallélisme réduit à un point).

Les variantes euphoniques de ce procédé de juxtaposition sont : la rime, l'assonance et l'allitération (ou répétition des séries de sons).

Il existe des vers qui se caractérisent essentiellement par un recours privilégié à l'euphonie. Est-ce un recours aux sons?

Si oui, il s'agit alors d'une variété de la musique vocale — musique vocale inférieure.

L'euphonie ne repose pas sur des sons mais sur des phonèmes, c'est-à-dire des représentations acoustiques capables de s'associer avec des représentations sémantiques.

On ne perçoit la forme d'un mot à moins qu'elle ne se répète dans le système linguistique. La forme isolée meurt; de même la combinaison de sons dans un poème (une sorte de système linguistique *in statu nascendi*) devient une « image phonique » (terme de Brik) : on ne la perçoit qu'à la suite de la répétition.

Dans la poésie contemporaine, les consonnes sont l'objet d'une attention exceptionnelle. Souvent, l'étymologie poétique éclaire de telle sorte les répétitions sonores (surtout du type AB, ABC, etc.) que la représentation sémantique principale se trouve liée aux complexes répétés de consonnes, alors que les voyelles distinctives deviennent comme une flexion au radical, introduisant une signification formelle, soit morphologique, soit flexionnelle, soit dérivée.

VIII

Les mots s'émancipent partiellement de leur sens par le jeu des synonymes, c'est-à-dire que le nouveau mot n'apporte pas un sens nouveau; d'un autre côté, une nouvelle différenciation des nuances sémantiques devient possible. [...]

Le phénomène inverse, c'est le jeu des homonymes, fondé, de même que celui des synonymes, sur la non-coïncidence de l'unité significative et du mot; il est analogue à la couleur qui dépasse le tracé du dessin en peinture. [...]

Le procédé favori des poètes contemporains est d'utiliser le mot simultanément dans son sens littéral et métaphorique. [...]

Étant personnifiés, les noms du genre féminin deviennent des personnes du sexe féminin, alors que les noms masculins et neutres deviennent des personnes du sexe masculin. Ainsi un Russe qui s'imagine les jours de la semaine sous forme de personnes voit le lundi et le dimanche comme des hommes, le mercredi, comme une femme [a]. Curieusement Répine restait perplexe : pourquoi Stuck a-t-il représenté le péché *(die Sünde)* en femme? [...]

En général, les mots étrangers sont très employés en poésie, car leur constitution phonique surprend, alors que leur sens reste en sourdine. [...]

IX

[...] Dénuder la rime, c'est émanciper sa puissance sonore du lien sémantique. De ce point de vue, on peut établir les étapes suivantes dans l'histoire de la poésie russe (bien qu'à tout moment, toutes les étapes puissent être présentes, en quelque sorte sur la périphérie de la poésie).

1. Les mots qui riment sont avant tout liés, juxtaposés du point de vue sémantique.

2. Les mots qui riment ne sont pas liés entre eux par un rapport sémantique, mais sont réunis par leur importance sur le plan de la signification, par une sorte d'accent sémantique.

3. Des mots extérieurs au propos essentiel, à l'intérêt de la narration, des mots inessentiels sur le plan sémantique (tels les épithètes) sont artificiellement promus au rang de porteurs de rimes.

4. Des mots qui sont logiquement presque extérieurs au texte, qui sont attirés *ad hoc*, riment entre eux. De cette manière apparaît la valeur euphonique de la rime.

a. *Ponedel'nik*, lundi, est en russe un nom masculin, *voskresenie*, dimanche, neutre, *sreda*, mercredi, est féminin.

Sous une forme dissimulée, ce sont précisément les rimes entre les mots attirés *ad hoc* qui caractérisent la poésie de manière générale.

Richet [a] : « La rime provoque le poème. L'esprit fonctionne par calembours. » [...]

On peut observer le même phénomène sur une série de procédés propres à la poésie de Khlebnikov : c'est la mise en sourdine de la signification et la valeur autonome de la construction euphonique. Un seul pas nous sépare ici du langage arbitraire.

« Mon premier rapport à l'égard du mot, dit Khlebnikov, c'est : trouver la pierre merveilleuse qui permet la transformation des mots slaves l'un en l'autre, sans rompre le cercle des racines; fondre librement les mots slaves. C'est le mot autonome hors de la vie pratique et des besoins quotidiens. Mon deuxième rapport à l'égard du mot : voyant que les racines ne sont que des fantômes derrière lesquels se dressent les cordes de l'alphabet, trouver l'unité de toutes les langues du monde, formée par les entités de l'alphabet. C'est la voie vers le langage transmental universel. »

Cette création arbitraire de mots peut être formellement reliée à la langue russe. [...]

Le deuxième type de création arbitraire de mots ne cherche à entrer dans aucun rapport de coordination avec le langage quotidien présent. (Cependant, puisque ce dernier existe, puisque la tradition phonétique est présente, on ne saurait comparer le discours transmental aux onomatopées prélinguistiques, pas plus qu'on ne saurait le faire pour un Européen dénudé d'aujourd'hui et un troglodyte nu.) C'est le cas des glossolalies dans les sectes, que leurs créateurs croient être des langues étrangères. Khlebnikov justifie les

a. Allusion à l'ouvrage de Charles Richet, *Essais de psychologie générale*, Paris, 1887.

créations transmentales par le langage des oiseaux *(Mudros' au bagne)*, le langage des singes *(Ka)*, le langage des démons (*Nuit de Galicie*, où Khlebnikov exploite largement les charmes russes). [...]

On a vu, sur une série d'exemples, que le mot chez Khlebnikov perd sa visée de l'objet, ensuite sa forme interne, enfin même la forme externe. On peut fréquemment observer, dans l'histoire de la poésie de tous les temps et de tous les pays, que pour les poètes, selon l'expression de Trédiakovski, « seul importe le son ». Le langage poétique tend, à la limite, vers le mot phonétique, plus exactement (puisque la visée en question est présente), euphonique, vers le discours transmental.

Cependant Khlebnikov écrit de cette limite même : « Pendant que je les écrivais, les mots d'Ekhnaten mourant : mantch, mantch, — avaient sur moi un effet insupportable. Et maintenant, je ne les sens même plus. Pourquoi — je ne le sais moi-même. »

Moscou, mai 1919.

Traduit du russe par
Tzvetan Todorov

Qu'est-ce que la poésie?[a]

> « *L'harmonie naît des contrastes, le monde tout entier est composé d'éléments opposés* », *dis-je*, « *et* — » « *La poésie, la vraie poésie* » *m'interrompit* Mácha, « *remue le monde de façon d'autant plus fondamentale et frappante que sont plus repoussants les contrastes où une secrète parenté se manifeste.* »
>
> K. Sabina

Qu'est-ce que la poésie? Si nous voulons définir cette notion, nous devons lui opposer ce qui n'est pas poésie. Mais dire ce que la poésie n'est pas, ce n'est pas aujourd'hui si facile.

A l'époque classique ou romantique, la liste des thèmes poétiques était fort limitée. Rappelons-nous les exigences traditionnelles : la lune, un lac, un rossignol, des rochers, une rose, un château, etc. Les rêves romantiques eux-mêmes ne devaient pas s'écarter de ce cercle. « J'ai rêvé aujourd'hui, écrit Mácha, que j'étais dans des ruines qui s'écroulaient devant et derrière moi, et sous ces ruines, des esprits féminins se baignaient dans un lac... Comme un amant va chercher son amante dans un tombeau... Ensuite, des ossements entassés, dans un édifice gothique en ruine, s'envolaient dehors par les fenêtres. » En fait de fenêtres, les gothiques connaissaient justement une faveur particulière, et la lune brillait nécessairement derrière elles. Aujourd'hui, toute fenêtre est également poétique aux yeux du poète, depuis l'immense baie vitrée d'un grand magasin jusqu'à la lucarne souillée par les mouches d'un petit café de village. Et les

a. « Co je poesie? », *Volné směry*, XXX (1933-1934), p. 229-239.

fenêtres des poètes laissent voir de nos jours toutes sortes de choses. Nezval en a parlé [dans *Antilyrik*] :

un jardin m'éblouit au milieu d'une phrase
ou une latrine ça n'a pas d'importance
Je ne distingue plus les choses selon le charme ou la laideur que vous leur avez assignés.

Pour le poète d'aujourd'hui comme pour le vieux Karamazov « il n'y a pas de femmes laides ». Il n'est pas de nature morte ou d'acte, de paysage ou de pensée, qui soit à présent hors du domaine de la poésie. La question du thème poétique est donc aujourd'hui sans objet.

Peut-être peut-on définir l'ensemble des procédés poétiques, des *Kunstgriffe*? — Non, car l'histoire de la littérature témoigne de leur variation constante. Le caractère intentionnel lui-même de l'acte créateur n'est pas obligatoire. Il suffit de se rappeler combien souvent les dadaïstes et les surréalistes laissaient le hasard faire des poèmes. Il suffit de penser au grand plaisir que le poète russe Khlebnikov prenait aux fautes d'impression: il proclamait qu'une coquille était parfois un artiste remarquable. C'est l'incompréhension du Moyen Age qui a brisé les membres des statues antiques; aujourd'hui, le sculpteur s'en occupe lui-même, le résultat (une synecdoque artistique) étant le même. Par quoi s'expliquent les compositions de Moussorgski et les tableaux d'Henri Rousseau, par le génie de ces artistes ou par leur analphabétisme en matière d'art? Quelle est la cause des fautes de Nezval contre la langue tchèque, le fait qu'il ne l'a pas apprise, ou que l'ayant apprise il l'a délibérément rejetée? Comment serait-on parvenu à un relâchement des normes littéraires russes si l'Ukrainien Gogol n'était pas venu, qui possédait mal la langue russe? Qu'aurait écrit Lautréamont à la place des *Chants de Maldoror* s'il n'avait pas été fou? Ces questions font partie du même ordre de problèmes anecdotiques que le fameux sujet de dissertation scolaire : qu'est-ce que Marguerite aurait répondu à Faust si elle avait été un homme?

Même si nous arrivions à déterminer quels sont les procédés poétiques typiques pour les poètes d'une époque donnée, nous n'aurions pas encore découvert les frontières de la poésie. Les mêmes allitérations et autres procédés euphoniques sont utilisés par la rhétorique de cette époque, bien plus, ils le sont par le langage parlé quotidien. Vous entendez dans le tramway des plaisanteries fondées sur les mêmes figures que la poésie lyrique la plus subtile, et les potins sont souvent composés selon les lois qui régissent la composition des nouvelles à la mode, ou du moins (suivant le niveau intellectuel du potineur) celles de la saison passée.

La frontière qui sépare l'œuvre poétique de ce qui n'est pas œuvre poétique est plus instable que la frontière des territoires administratifs de la Chine. Novalis et Mallarmé tenaient l'alphabet pour la plus grande des œuvres poétiques. Les poètes russes admiraient le caractère poétique d'une carte des vins (Viazemski), d'une liste des vêtements du tsar (Gogol), d'un indicateur des chemins de fer (Pasternak), et même d'une facture de blanchisseur (Kroutchennykh). Bien des poètes proclament aujourd'hui que le reportage est une œuvre où l'art est plus présent que dans le roman ou la nouvelle. Nous aurions du mal à nous enthousiasmer actuellement pour le petit village de montagne [a], alors que les lettres intimes de Božena Němcová nous apparaissent comme une œuvre poétique de génie.

Il existe une histoire sur les champions de lutte gréco-romaine. Le champion du monde est battu par un lutteur

a. Allusion au récit le plus populaire de B.N. *Poherská vesnice* [*Un village de montagne*], 1856.

de second ordre. Un des spectateurs déclare que c'est une supercherie, provoque le vainqueur et le bat. Le lendemain, un journal révèle que le deuxième combat était lui aussi une supercherie convenue d'avance. Le spectateur vient à la rédaction du journal et gifle l'auteur du compte rendu. Mais les révélations du journal et l'indignation du spectateur étaient, elles aussi, des supercheries convenues d'avance.

Ne croyez pas le poète qui au nom de la vérité, de la réalité, etc., etc., renie son passé poétique ou l'art en général. Tolstoï refusait son œuvre avec irritation, mais ne cessait pas d'être un poète, car il se frayait un chemin vers des formes littéraires nouvelles et encore inusitées. On a dit fort justement que lorsqu'un acteur rejette son masque, il montre son maquillage. Il suffit de rappeler un événement récent, la farce carnavalesque de Durych [a]. Ne croyez pas non plus le critique cherchant querelle à un poète au nom de l'authenticité et du naturel, — il rejette en fait une tendance poétique, c'est-à-dire un ensemble de procédés déformants, au nom d'une autre tendance poétique, d'un autre ensemble de procédés déformants. Un artiste joue tout autant lorsqu'il annonce que cette fois, ce ne sera pas de la *Dichtung*, mais de la *Wahrheit* toute nue, ou lorsqu'il affirme que telle œuvre n'est que pure invention, et que de toute façon, « la poésie est mensonge, et le poète qui ne se met pas à mentir sans scrupules dès le premier mot, ne vaut rien ».

Il se trouve des historiens de la littérature qui savent sur le poète plus de choses que le poète lui-même, que l'esthéticien qui analyse la structure de son œuvre, et le psychologue qui étudie la structure de sa vie mentale. Ces histo-

a. Durych a été attaqué par l'historien de la littérature Arne Novák dans le journal de Brno *Lidové noviny*. Durych répond dans un article intitulé « Masopust » (Carnaval) où il simule ironiquement le comportement du repenti, et accepte en apparence les arguments de son adversaire.

riens montrent avec une infaillibilité de catéchiste ce qui, dans l'œuvre du poète, est simple « document humain », et ce qui constitue un « témoignage artistique », où se trouvent la « sincérité » et le « point de vue naturel sur le monde », et où le « prétexte » et le « point de vue littéraire et artificiel », ce qui « vient du cœur », est ce qui est « affecté ». Ces expressions sont toutes des citations tirées de l'étude « Hlaváčkova dekadentní erotika » [l'érotisme décadent de Hlaváček], un des chapitres d'un recueil récent de Soldan [a]. Les rapports entre la poésie érotique et l'érotisme du poète sont décrits comme s'il ne s'agissait pas de notions dialectiques, de leur transformation et de leur renversement constants, mais des articles immuables d'un dictionnaire scientifique; comme si le signe et la chose signifiée étaient liés une fois pour toutes monogamiquement, et comme si l'on oubliait ce que la psychologie sait depuis longtemps, qu'aucun sentiment n'est si pur qu'il ne soit mêlé du sentiment contraire (ambivalence des sentiments).

Bien des travaux d'histoire littéraire appliquent aujourd'hui encore avec rigidité ce schéma dualiste : *réalité psychique — fiction poétique*, et cherchent entre l'une et l'autre des rapports de causalité mécanique. De telle sorte que nous nous posons malgré nous la question qui tourmentait un gentilhomme français des temps anciens : la queue est-elle attachée au chien, ou le chien à sa queue?

Le journal de Mácha, document hautement instructif, que l'on édite malheureusement encore avec des lacunes considérables, pourrait nous prouver la stérilité de ces équations à deux inconnues. Certains historiens de la littérature ne tiennent compte que de l'œuvre publique des

a. F. Soldan, critique de troisième zone, est l'auteur du livre *Karel Hlaváček, typ české dekadence* [*K. H., le représentant typique de la décadence tchèque*], Prague, 1930.

poètes et laissent simplement de côté les problèmes biographiques, d'autres s'efforcent au contraire de reconstruire leur vie dans tous ses détails; nous admettons les deux positions, mais nous rejetons formellement la démarche de ceux qui remplacent la véritable biographie d'un poète par un récit officiel découpé comme un recueil de morceaux choisis. Les lacunes du journal de Mácha sont restées pour que la jeunesse rêveuse qui admire la statue de Myslbek à Petřín [a] ne subisse pas une déception. Mais comme Pouchkine l'a déjà dit, la littérature, et, ajouterons-nous, les sources historico-littéraires à plus forte raison, ne peuvent pas avoir d'égards pour les jeunes filles de quinze ans, qui d'ailleurs lisent aujourd'hui des choses plus scabreuses que le journal de Mácha.

Dans son journal, Mácha [1], le poète lyrique, dépeint de manière paisiblement épique ses fonctions physiologiques, érotiques ou excrémentielles. Avec la précision inexorable d'un comptable, il note en se servant d'un code lassant

1. *Poèmes :* Tes yeux bleus. Lèvres vermeilles. Cheveux d'or... L'heure qui lui avait tout pris, / Sur ces lèvres, ses yeux, son front, / Inscrivait une douleur captivante... *Márinka :* Ses cheveux noirs et dépourvus d'artifices tombaient en lourdes boucles autour de son visage pâle et amaigri, empreint d'une grande beauté, sur sa robe blanche immaculée, fermée en haut jusqu'au cou, touchant en bas le petit pied léger, dessinant une haute silhouette élancée. Un lien noir enserrait sa taille mince, et une broche noire ornait son beau front haut et blanc. Mais rien n'atteignait la beauté de ses yeux noirs et ardents, profondément enchâssés dans leurs orbites. Leur expression de tristesse et de nostalgie, aucune plume ne pourra la dépeindre... *Cikáni* [Les Tsiganes] : Ses boucles noires rehaussaient la pâleur charmante de son doux visage; et les yeux noirs qui souriaient aujourd'hui pour la première fois n'avaient pas encore quitté leur longue tristesse... *Le journal :* J'ai soulevé sa jupe et je l'ai regardée par-devant, de côté et par-derrière... Elle a un c-l du tonnerre de dieu... Elle avait de belles cuisses blanches... Je jouais avec sa jambe, elle a ôté son bas, s'est assise sur le canapé, etc.

a. Joseph Vaclav Myslbek (1848-1922), célèbre sculpteur tchèque, dont l'une des œuvres les plus conventionnelles est le monument à Mácha sur la colline de Petřín à Prague.

comment et combien de fois il a assouvi son désir au cours de ses rencontres avec Lori. Sabina dit de Mácha que « des yeux sombres au regard pénétrant, un front majestueux où de profondes pensées se lisent, cet air de mélancolie que la pâleur surtout exprime, une apparence de douceur et d'abnégation féminine, le captivaient plus que tout chez le beau sexe ». Oui, c'est bien l'image de la beauté des jeunes filles dans les poèmes et les récits de Mácha, mais dans son journal, les descriptions de la bien-aimée rappellent plutôt les torses féminins sans tête des tableaux de Šíma.

Le rapport entre la poésie et le journal, est-ce le rapport entre *Dichtung* et *Wahrheit*? Certainement pas; les deux aspects sont également vrais, ils ne représentent que des significations différentes ou, pour employer un langage savant, des niveaux sémantiques différents d'un même objet, d'une même expérience. Un cinéaste dirait qu'il s'agit de deux prises distinctes d'une même scène. Le journal de Mácha est une œuvre poétique aussi bien que *Máj* [*Mai*] ou *Márinka*, on n'y trouverait pas une ombre d'utilitarisme, c'est purement de l'art pour l'art, de la poésie pour le poète. Mais si Mácha vivait aujourd'hui, peut-être est-ce la poésie (biche, blanche biche, écoute mon conseil, etc.), qu'il garderait pour l'usage intime, et le journal qu'il publierait. Nous le rapprocherions de Joyce et de Lawrence, auxquels bien des détails l'apparentent, et un critique écrirait que ces trois auteurs « s'attachent à donner une image authentique de l'homme débarrassé de toutes les règles et de toutes les lois, qui ne fait plus que flotter, couler, se dresser comme un pur instinct ».

Un poème de Pouchkine : « Je me rappelle ce merveilleux instant — tu es apparue devant moi comme une vision fugitive, comme le génie de la pure beauté. » Dans sa vieillesse, Tolstoï s'indignait que la dame chantée dans ce noble poème fût celle que l'on retrouve dans une lettre un peu leste où

Pouchkine écrivait à un ami : aujourd'hui, avec l'aide de Dieu, j'ai eu Anna Mikhaïlovna [1]. L'intermède bouffon d'un mystère n'est pas un blasphème! L'ode et la parodie sont équivalentes en ce qui concerne la vérité, ce ne sont que deux genres poétiques, deux moyens d'expression qu'on peut appliquer au même thème.

Le thème qui torture Mácha sans cesse et toujours à nouveau est le soupçon de ne pas avoir été le premier amant de Lori. Dans *Máj* ce motif prend la forme suivante :

> Ah — elle, elle! Mon ange!
> Pourquoi a-t-elle failli avant que je ne la connaisse?
> Pourquoi mon père? — Pourquoi ton séducteur?...

ou bien celle-ci :

> Le rival, c'est mon père! Le meurtrier, son fils,
> Il a séduit la fille que j'aime! —
> Sans que je la connaisse.

Dans son journal, Mácha raconte qu'il a broché des livres avec Lori, qu'il l'a prise deux fois, « ensuite nous avons de nouveau parlé du fait qu'elle s'était donnée à quelqu'un, elle a souhaité mourir; elle a dit : " O Gott ! Wie unglücklich bin ich! " ». Suit une nouvelle et violente scène érotique, puis une description du poète allant pisser. En conclusion, la sentence suivante : « Dieu lui pardonne si elle me trompe, je ne la quitterai pas si seulement elle m'aime et j'en ai l'impression, je prendrais même une putain si je savais qu'elle m'aime. »

Dire que le second motif est une fidèle photographie des faits tandis que le premier (celui de *Máj*) n'est qu'une invention de poète, c'est simplifier la réalité comme un manuel de l'enseignement secondaire. La version de *Máj* est peut-

1. La formule originale est plus drastique.

être justement une manifestation plus ouverte d'exhibitionnisme mental, augmenté du « complexe d'Œdipe » (le rival, c'est mon père [1]). N'oublions pas que les motifs suicidaires des poèmes de Maïakovski furent tenus naguère pour un simple truc littéraire, et le seraient probablement encore si Maïakovski, comme Mácha, était mort prématurément d'une pneumonie.

Au sujet de Mácha, Sabina dit que « dans les notes trouvées après sa mort, nous pouvons lire la description fragmentaire d'un homme de style néo-romantique, qui semble être la fidèle image du poète lui-même et le principal modèle selon lequel il créait ses personnages amoureux ». Le héros de ce fragment « se tua aux pieds de la jeune fille qu'il aimait avec ferveur, et qui répondait à cet amour avec plus de ferveur encore. Pensant qu'elle avait été séduite, il l'adjurait de lui dénoncer son séducteur afin de la venger; elle niait; il flamboyait de colère, de fureur; — elle prenait Dieu à témoin; — une pensée alors le traversa comme un éclair : " Je l'aurais tué, lui, pour la venger; mon châtiment aurait été la mort; qu'il vive; moi, je ne le puis. " Il décide donc de se suicider et se dit, en pensant à sa bien-aimée " que c'est un ange de compassion, que même son séducteur, elle ne veut pas le rendre malheureux ", mais il comprend au dernier moment " qu'elle l'a trompé " et " son visage d'ange se transforme à ses yeux en figure diabolique ". » Mácha parle de cet épisode de sa tragédie sentimentale dans une lettre à un ami intime : « Je vous ai dit une fois qu'il y avait une chose qui pouvait me rendre fou : — elle est là — *eine Nothzucht ist unterlaufen...;* la mère de mon amie est morte, un serment effroyable fut prêté à minuit sur son cercueil...

1. De même, dans *Cikáni* [Les Tsiganes] : « Mon père! — mon père a séduit ma mère — non, il a assassiné ma mère — ma mère — pas ma mère, il a séduit ma bien-aimée — séduit la bien-aimée de mon père — ma mère — et mon père a assassiné mon père! »

et... ce n'était pas vrai — et moi — hahaha! — Édouard! je ne suis pas devenu fou — mais j'ai fait du tapage. »

Trois versions, par conséquent : meurtre et châtiment, suicide, fureur et résignation. Chacune de ces versions a été vécue par le poète, toutes sont également vraies sans que l'on ait à savoir laquelle, parmi les possibilités données, fut réalisée dans la vie privée, et laquelle dans l'œuvre littéraire. D'ailleurs, qui peut tracer une frontière entre le suicide et le duel de Pouchkine, ou la mort de Mácha, d'une absurdité digne d'un recueil de lectures scolaires [a] [1]?

Le constant passage entre la poésie et la vie privée n'apparaît pas seulement dans le caractère fortement communicatif de l'œuvre poétique de Mácha, mais aussi dans la pénétration profonde des motifs littéraires dans sa vie. A côté des considérations sur la genèse psychologique, individuelle, des humeurs de Mácha, on est fondé à poser la question de leur fonction sociale. « Il est trompé, mon amour » n'est pas seulement l'affaire privée de Mácha, comme Tyl l'a fort justement exposé dans son magistral pamphlet *Rozervanec* [*l'Égaré*], c'est un devoir, car le mot d'ordre de l'école littéraire de Mácha s'énonce ainsi : « la douleur seule est mère de la véritable poésie ». Sur le plan de l'histoire littéraire (je répète — sur le plan de l'histoire littéraire), Tyl a raison lorsqu'il proclame : il convient à Mácha de pouvoir dire qu'il est malheureux en amour.

1. Voici comment Mácha, malade, parle de son état trois jours avant sa mort : « J'ai lu que Lori était allée dehors, qu'elle était sortie de notre maison, alors je me suis mis dans une rage telle que j'aurais pu en mourir. Aussi ai-je très mauvaise mine depuis. J'ai tout cassé autour de moi, et j'ai pensé tout de suite qu'il fallait que je m'en aille d'ici, et elle, qu'elle pouvait faire ce qu'elle voulait. Je sais pourquoi je ne veux même pas qu'elle sorte de la maison. » En vers ïambiques, il menace ainsi sa maîtresse : « Bey meinem Leben schwör ich Dir, Du siehst mich niemals wieder. »

a. On dit que Mácha est mort d'une pneumonie, qu'il aurait attrapée en aidant à éteindre un feu en ville.

Le thème du séducteur et du jaloux est un bouche-trou commode pour la pause, le moment de fatigue et de tristesse qui suit l'assouvissement de l'amour. Le sentiment de lassitude et de défiance se cristallise dans un motif conventionnel travaillé en profondeur par la tradition poétique. Dans une lettre à un ami, Mácha souligne lui-même la coloration littéraire de ce motif : « Des choses comme celles qui me sont arrivées, ni Victor Hugo ni Eugène Sue dans leurs romans les plus effrayants n'ont été à même de les décrire, mais moi, je les ai vécues et — je suis un poète. » Que cette méfiance destructrice ait un fondement réel ou qu'elle soit l'invention gratuite d'un poète, comme l'indique Tyl, cette question n'a d'intérêt que pour la médecine légale.

Toute expression verbale stylise et transforme, en un certain sens, l'événement qu'elle décrit. L'orientation est donnée par la tendance, le pathos, le destinataire, la « censure » préalable, la réserve des stéréotypes. Comme le caractère poétique de l'expression verbale marque avec force qu'à proprement parler il ne s'agit pas de communication, la « censure » peut ici s'adoucir et s'affaiblir. Un poète de grande envergure, Janko Král', qui dans ses belles et rudes improvisations efface génialement la frontière entre la chanson populaire et un délire vertigineux, qui est encore plus impétueux que Mácha dans sa fantaisie, encore plus spontané dans son provincialisme plein de charme, — Janko Král' présente, à côté de Mácha, un cas presque exemplaire de « complexe d'Œdipe ». Božena Němcová, lorsqu'elle connut Král' personnellement, le décrivit ainsi dans une lettre à une amie : « C'est un grand original, et sa femme est fort jolie, toute jeune, mais terriblement sotte, et elle n'est juste, pour lui, qu'une petite bonne, il a dit lui-même qu'il n'avait aimé qu'une seule femme par-dessus tout, de toute son âme, et que cette femme était sa mère; son père, en revanche, il l'a détesté avec une égale passion, et ceci, parce qu'il torturait sa mère. (Alors qu'il fait la même chose avec sa femme.) Depuis qu'elle est morte, il n'aime personne. — Il me semble que cet homme finira quand même dans un asile de fous! » Et cet infantilisme extraordinaire, qui projette sur la vie de Kral' une ombre de démence dont l'audacieuse Božena Němvocá elle-même fut effrayée, ne fait peur à personne dans ses poèmes : ils sont édités dans la collection *Čitanie študujúčej mládeže* [*Lecture de la jeunesse scolaire*] et donnent l'impression de n'être qu'un « masque » — bien que la poésie ait rarement dévoilé de façon si simple et si âpre la tragédie amoureuse d'un fils et d'une mère.

De quoi parlent les ballades et les chants de Král'? — D'un fervent amour maternel, qui « jamais ne se laissa diviser », de l'inéluctable départ du fils qui, malgré « le conseil maternel », a cette certitude : « c'est inutile : qui peut aller contre le sort? Ce n'est pas mon destin. » — Du retour impossible « des pays étrangers à la maison, auprès de sa mère ». Désespérément, la mère cherche son fils : « la terre tout entière porte un deuil de tombeau, mais du fils, pas la moindre trace. » Désespérément, le fils cherche sa mère : « Pourquoi rentres-tu à la maison, auprès de tes frères et de ton père?... Pourquoi dans ton village, faucon ailé? Ta mère est partie dans le vaste monde. » La peur, la peur physique de l'étrange Janko condamné à périr, la nostalgie du ventre maternel, font également penser à Nezval.

Nezval, dans *Historie šesti prázdných domů* [*Histoire de six maisons vides*] :

Maman
Si tu le peux laisse-moi toujours en bas
Dans la chambre vide où l'on ne reçoit personne
Je suis bien en sous-location chez toi
Et ce sera terrible quand on m'en chassera
Combien de déménagements m'attendent
Et le déménagement le plus affreux
Le déménagement de la mort

Kral', dans *Zverbovaný* [*le Recruté*] :

Ah, maman, puisque tu m'aimais,
Pourquoi m'as-tu abandonné à ce destin!
Tu m'as exposé aux dangers de ce monde hostile
comme la jeune fleur qu'on enlève d'un pot;
cette fleur, que les gens n'ont pas encore respirée,
S'ils veulent l'arracher, pourquoi l'ont-ils semée!
Elle est dure, très dure, la peine du pré privé de pluie,
mais cent fois plus dure la mort de Janíček.

L'inévitable antithèse du brusque flux de la poésie dans la vie est son non moins brusque reflux.

Je n'ai jamais pris ce chemin
J'ai perdu un œuf qui l'a trouvé?

Œuf blanc poules noires
Pendant trois jours la fièvre le tient

Toute la nuit un chien hurle
Un prêtre en voiture roule roule
Il bénit toutes les portes
Comme un paon avec ses plumes

Un enterrement un enterrement et il neige
L'œuf court derrière le cercueil
Ce n'est pas une plaisanterie
Dans l'œuf il y a le diable

Ma mauvaise conscience me berce
Passe-toi donc de ton œuf
Fou de lecteur
L'œuf était vide

Les propagandistes inconditionnels de la poésie révoltée passaient sous un silence gêné de tels jeux poétiques, ou parlaient avec irritation de la trahison et de la déchéance du poète. Pourtant, je suis absolument convaincu que ces chansonnettes de Nezval sont d'une audace aussi remarquable que l'exhibitionnisme réfléchi, inexorablement logique, de son anti-lyrisme. Ces jeux d'enfant sont l'un des secteurs d'un grand front uni, du front uni dirigé contre le fétichisme du mot. La seconde moitié du XIXe siècle fut l'époque d'une brusque inflation des signes linguistiques. Il ne serait pas difficile de donner à cette thèse un fondement sociologique. Les manifestations culturelles les plus typiques de cette époque sont portées par l'effort de dissimuler coûte que coûte cette inflation et d'accroître par tous les moyens la confiance dans le mot, ce mot de papier. Positivisme et réalisme naïf en philosophie, libéralisme en politique, orientation grammaticale en linguistique, illusionnisme berceur dans la littérature et sur la scène, qu'il s'agisse de naïve illusion naturaliste ou d'illusion décadente solipsiste, méthodes atomisantes de la science de la littérature (en fait, de la science en général), c'est par ces divers moyens que le crédit du mot s'assainissait et que se renforçait la foi dans sa valeur réelle.

Et maintenant! La phénoménologie moderne démasque systématiquement les fictions linguistiques et montre avec lucidité la différence fondamentale qui sépare le signe et l'objet désigné, la signification d'un mot et le contenu que vise cette signification. Un phénomène parallèle s'observe dans le champ politico-social : c'est la lutte passionnée contre les phrases et les mots vides, brumeux, nuisiblement abstraits, la lutte idéocratique contre les « mots-escrocs », selon l'expression devenue proverbiale. Dans l'art, ce fut le rôle du cinéma, qui révéla clairement et nettement à d'innombrables spectateurs que la langue n'est qu'un des systèmes sémiotiques possibles, comme l'astronomie révéla autrefois que la Terre n'était qu'une planète parmi beaucoup d'autres et permit ainsi une révolution complète de notre vision du monde. En fait, le voyage de Christophe Colomb signifiait déjà la fin d'un mythe, celui de l'exclusivité du Vieux Monde, mais c'est seulement l'essor actuel de l'Amérique qui, à ce mythe, donna le coup de grâce; de la même façon, le film fut tenu, au début, pour une simple colonie exotique de l'art, et c'est seulement en se développant, pas à pas, qu'il se mit à démolir l'idéologie dominante d'hier. Enfin, le poétisme [a] et les tendances littéraires voisines attestent de manière tangible que le mot se donne sa propre loi. Les petits vers capricieux de Nezval s'attirent donc des alliés très actifs.

Ces temps-ci, la critique trouve de bon ton de souligner l'incertitude de ce qu'on appelle la science formaliste de la littérature. Il paraît que cette école ne comprend pas les rapports de l'art et de la vie sociale, il paraît qu'elle prône l'art pour l'art et marche sur les traces de l'esthétique kantienne. Les critiques qui font ces objections sont, dans leur radicalisme, si conséquents et précipités qu'ils oublient l'existence de la troisième dimension, qu'ils voient tout sur le même plan. Ni Tynianov, ni Mukařovský, ni Chklovski, ni moi, nous ne prêchons que l'art se suffit à lui-même; nous montrons au contraire que l'art est une partie de l'édifice social, une composante en corrélation avec les autres, une composante variable, car la sphère de l'art et son rapport aux autres secteurs de la structure sociale se modifient sans cesse dialectiquement. Ce que nous soulignons, ce n'est pas un séparatisme de l'art, mais l'autonomie de la fonction esthétique.

J'ai déjà dit que le contenu de la notion de *poésie* était instable et variait dans le temps, mais la fonction poétique, la *poéticité*, comme l'ont souligné les formalistes, est un élément *sui generis*, un élément que l'on ne peut réduire mécaniquement à d'autres éléments. Cet élément, il faut le

a. *Poétisme* est l'école poétique à laquelle appartient Nezval, variante tchèque du surréalisme.

dénuder et en faire apparaître l'indépendance, comme sont dénudés et indépendants les procédés techniques des tableaux cubistes par exemple, — c'est là un cas particulier cependant, un cas qui du point de vue de la dialectique de l'art a sa raison d'être, mais un cas spécial malgré tout. En général, la poéticité n'est qu'une composante d'une structure complexe, mais une composante qui transforme nécessairement les autres éléments et détermine avec eux le comportement de l'ensemble. De la même façon, l'huile n'est pas un plat particulier, mais n'est pas non plus un supplément accidentel, une composante mécanique : elle change le goût de tout ce qu'on mange et parfois, sa tâche est si pénétrante qu'un petit poisson en perd son appellation génétique originelle et change de nom pour devenir une sardine à l'huile [a]. — Si la poéticité, une fonction poétique d'une portée dominante, apparaît dans une œuvre littéraire, nous parlerons de poésie.

Mais comment la poéticité se manifeste-t-elle? En ceci, que le mot est ressenti comme mot et non comme simple substitut de l'objet nommé ni comme explosion d'émotion. En ceci, que les mots et leur syntaxe, leur signification, leur forme externe et interne ne sont pas des indices indifférents de la réalité, mais possèdent leur propre poids et leur propre valeur.

Pourquoi tout cela est-il nécessaire? Pourquoi faut-il souligner que le signe ne se confond pas avec l'objet? Parce qu'à côté de la conscience immédiate de l'identité entre le signe et l'objet (A est A_1), la conscience immédiate de l'absence de cette identité (A n'est pas A_1) est nécessaire; cette antinomie est inévitable, car sans contradiction, il n'y a pas de jeu des concepts, il n'y a pas de jeu des signes, le rapport entre le concept et le signe devient automatique,

a. *Olej* (huile) a produit en tchèque *olejovka* (sardine à l'huile).

le cours des événements s'arrête, la conscience de la réalité se meurt.

Je suis persuadé que l'année 1932 entrera un jour dans l'histoire de la culture tchèque comme l'année de *Skleněný havelok* [*le Macfarlane de verre*] de Nezval, comme 1836 est pour la culture tchèque l'année de *Máj* de Mácha. De telles affirmations paraissent en général paradoxales aux contemporains. En disant cela, je ne pense même pas, bien entendu, à Tomíček, qui déclara que *Máj* était du rebut et son auteur un rimailleur, ni aux nombreux remplaçants et successeurs de Tomíček. Les contemporains enthousiastes d'un poète trouvent souvent eux-mêmes ces pronostics exagérés. Les élections de l'année, les crises, les faillites, les procès à scandale, sont toujours tenus pour des événements plus marquants et plus caractéristiques. Pourquoi? La réponse est simple.

De la même manière que la fonction poétique organise et dirige l'œuvre poétique sans être nécessairement saillante et sans sauter aux yeux comme une affiche, l'œuvre poétique, dans l'ensemble des valeurs sociales, ne prédomine pas, ne l'emporte pas sur les autres valeurs, mais n'en est pas moins l'organisateur fondamental de l'idéologie, constamment orienté vers son but. C'est la poésie qui nous protège contre l'automatisation, contre la rouille qui menace notre formule de l'amour et de la haine, de la révolte et de la réconciliation, de la foi et de la négation.

Le nombre des citoyens de la République tchécoslovaque qui ont lu, par exemple, les vers de Nezval, n'est pas très élevé. Dans la mesure où ils les ont lus et acceptés, sans le vouloir, ils vont plaisanter avec un ami, injurier un adversaire, exprimer leur émotion, déclarer et vivre leur amour, parler politique, d'une manière un peu différente. Même s'ils les ont lus en les refusant, leur langage et leur rituel journalier ne resteront pas sans changement. Ils seront longtemps poursuivis par une idée fixe : surtout, ne ressembler en rien à ce Nezval. De toutes les façons possibles, ils repousseront ses motifs, ses images, sa phraséologie. L'hostilité aux poèmes de Nezval est cependant une tout autre disposition psychologique que leur ignorance. Et par ses admirateurs et ses détracteurs, les motifs de cette poésie et ses intonations, ses mots et ses relations se répandront de plus en plus et iront jusqu'à former la langue et la manière d'être des gens qui ne connaîtront Nezval que par la chronique quotidienne de *Politička* [a].

C'est ainsi que monsieur Jourdain ne savait pas qu'il parlait en prose, c'est ainsi que l'éditorialiste de la petite feuille du lundi ne sait pas qu'il remâche les mots d'ordre jadis novateurs des grands philosophes, et si bon nombre de nos contemporains ne soupçonnent pas l'existence de Hamsun, de Šrámek, ou disons de Verlaine, cela ne les empêche pas d'aimer selon Hamsun, Šrámek ou Verlaine.

L'ethnographie moderne appelle cela *gesunkenes Kulturgut* — valeur culturelle déchue [1].

C'est seulement quand une époque a achevé de mourir, et quand s'est dissoute l'étroite interdépendance de ses diverses composantes, c'est seulement alors qu'au fameux cimetière de l'histoire se dressent au-dessus de toutes sortes de vieilleries archéologiques les « monuments » poétiques. Alors on parle pieusement de l'époque de Mácha. Ainsi,

1. Quelques exemples clairs : de nombreux éléments de l'art populaire de l'Europe centrale sont des valeurs déchues de la culture baroque; c'est aussi une valeur déchue de la culture de l'époque des Lumières que la « libre pensée » d'aujourd'hui, et la tendance « naturaliste », génétique sans aucune réserve, qui domine dans la science allemande de la deuxième moitié du XIXe siècle, s'est conservée comme *tiefgesunkenes Kulturgut*, sous la forme de l'hitlérisme.

a. *Politička*, diminutif courant de *Národní politika (Politique nationale)*, journal tchèque de l'époque, spécialisé dans la chronique locale; les démêlés des écrivains d'avant-garde, de Nezval en particulier, avec la police, y ont été abondamment décrits.

on ne retrouve un squelette humain dans une tombe que lorsqu'il n'est plus bon à rien. Il échappe à l'observation pour autant qu'il a accompli sa tâche, à moins qu'on ne l'éclaire artificiellement aux rayons X, à moins qu'on ne s'obstine à chercher ce qu'est la colonne vertébrale, ce qu'est la poésie.

Traduit du tchèque par
Marguerite Derrida

Notes marginales sur la prose du poète Pasternak[a]

I

Les classifications établies par les manuels scolaires sont d'une simplicité rassurante. D'un côté la prose, de l'autre la poésie. Cependant la différence entre la prose d'un poète et celle d'un prosateur, ou encore entre les poèmes d'un prosateur et ceux d'un poète, apparaît immédiatement. Un montagnard chemine à travers la plaine, il ne trouve pas de prises et trébuche sur cette surface plane. Que sa démarche soit d'une touchante maladresse ou qu'elle atteste une habileté consommée, on sent qu'elle ne lui est pas naturelle; elle ressemble trop aux pas d'un danseur, l'effort y est apparent. Une langue d'acquisition seconde, fût-elle maniée à la perfection, ne peut être confondue avec une langue native. Il existe certes des cas de bilinguisme authentique et absolu. En lisant la prose de Pouchkine et de Mácha, de Lermontov ou de Heine, de Pasternak ou de Mallarmé, nous ne pouvons nous défendre d'un certain étonnement devant leur parfaite possession de la langue seconde; pourtant nous ne manquons pas de déceler au même moment comme une sonorité étran-

a. « Randbemerkungen zur Prosa des Dichters Pasternak », *Slavische Rundschau*, VII (1935), p. 357-374.

gère dans l'accent et la configuration interne de leur langage. Ce sont d'étincelantes retombées des monts de la poésie venues se déposer dans les plaines de la prose.

La prose du poète n'est pas la seule que trahisse ainsi une marque particulière : il existe une prose des époques poétiques, des courants littéraires voués à la production poétique, différente de la prose des époques et écoles littéraires d'inspiration prosaïque. Les positions les plus avancées de la littérature russe des premières décennies de notre siècle relèvent du domaine poétique; c'est précisément la poésie qui est alors ressentie comme la manifestation canonique, non-marquée, de la littérature, comme sa pure incarnation. Le symbolisme comme le bouillonnement littéraire apparu peu après et que l'on regroupe fréquemment sous l'étiquette de futurisme furent dans leur quasi-totalité l'apanage de poètes; si plusieurs d'entre eux empruntent à l'occasion les chemins de la prose, il faut y voir un écart conscient de versificateur virtuose se risquant hors de son itinéraire habituel. A peu d'exceptions près, la prose artistique des écrivains de profession est à cette époque une production typiquement épigonale, une reproduction plus ou moins heureuse des modèles classiques; l'intérêt de ces œuvres de tâcherons réside soit dans l'imitation réussie du modèle ancien, soit dans la déformation grotesque des canons. La nouveauté peut encore consister dans l'habile adaptation d'une thématique nouvelle à des modèles traditionnels. A l'inverse de la forte tension interne qui caractérise la poésie de la même période, cette prose n'atteint quelque grandeur qu'en raison de l'action de Gogol et de Tolstoï qui ont, en leur temps, porté très haut l'exigence de qualité, et aussi à cause de l'étendue de la réalité contemporaine. La contribution de cette province archi-reculée du réalisme russe classique à l'histoire du développement de la prose artistique est insignifiante, alors que la prose de Brioussov, de Biély, de Khlebnikov, de

Maïakovski et de Pasternak — cette singulière colonie de la poésie nouvelle — a ouvert tout un lacis de voies préparant un nouvel essor de la prose russe. C'est ainsi qu'en son temps la prose de Pouchkine et de Lermontov apparut comme le signe avant-coureur du grandiose festival de prose que Gogol devait inaugurer. La prose de Pasternak est celle d'un poète appartenant à une grande époque poétique : elle en a toutes les caractéristiques.

La prose d'un écrivain ou d'un courant littéraire orientés vers la création poétique présente un haut degré de spécificité, aussi bien lorsqu'elle subit l'influence de l'élément dominant, c'est-à-dire de l'élément poétique, que lorsque, dans un effort tendu et volontaire, elle parvient à s'en arracher. Non moins essentiel est le contexte général de la création littéraire, le rôle que celle-ci tient dans le concert général des arts. La hiérarchie des valeurs artistiques varie avec les conceptions des différents artistes et des courants artistiques. Pour le classicisme, ce sont les arts plastiques qui représentent l'expression la plus haute, la plus pure, la plus exemplaire de l'art; pour le romantisme c'est la musique, et pour le réalisme, la littérature. Le vers romantique est destiné à devenir chant, à se transmuer en musique; inversement, dans le drame musical et la musique à programme de l'époque réaliste, la musique cherche à se rattacher à la littérature. Le symbolisme a repris dans une large mesure le slogan des Romantiques pour qui l'art gravitait autour de la musique. Le dépassement des principes fondamentaux du symbolisme s'est opéré en premier lieu dans le domaine de la peinture, et c'est précisément la peinture qui s'est vu attribuer la position dominante dans les débuts de l'art futuriste. Plus tard, avec la révélation du caractère sémiotique de l'art, la poésie deviendra en quelque sorte le modèle de tous ceux qui, dans le domaine artistique, veulent faire œuvre de novateurs. Tous les poètes de la génération futuriste témoignent de cette tendance à identifier l'art et la poésie : « L'art en général, autrement dit la poésie » écrit Pasternak. Mais pour chacun de ces poètes la genèse de cette hiérarchie fut différente : différents furent leurs points de départ et les chemins qui les menèrent à la poésie. Pasternak, disciple convaincu de « l'art de Scriabine, de Blok, de la Komissarjevskaïa et de Biély », c'est-à-dire de l'école symboliste, vint à la poésie par la musique pour laquelle il éprouvait un attachement proche du culte, bien caractéristique du symbolisme. Ce fut la peinture qui servit à Maïakovski de tremplin vers la poésie. Pour Khlebnikov, par-delà la diversité des buts artistiques qu'il a pu se donner, les mots ont invariablement constitué le matériau unique. On serait tenté de dire que dans l'évolution de la poésie russe postsymboliste, Maïakovski a incarné le *Sturm und Drang*; Khlebnikov en fut la conquête la plus marquée et la plus originale, l'œuvre de Pasternak représentant en somme le maillon entre le symbolisme et l'école qui lui a succédé. Et même si la maturité poétique de Khlebnikov s'est affirmée plus tôt que celle de Maïakovski, celle de Maïakovski plus tôt que celle de Pasternak, il n'en reste pas moins que le lecteur venant du symbolisme était prêt à aborder Pasternak, puis, ne pouvant éviter de trébucher sur Maïakovski, il en venait à bout, et entreprenait, pour finir, le siège épuisant de la forteresse Khlebnikov. Cependant, voir dans les écrivains d'une même période les différents maillons d'une évolution littéraire unitaire et chercher à déterminer l'ordre de succession de ces maillons, ce sont là des tentatives relevant d'une perspective unidimensionnelle et n'échappant pas à la convention. Quand le poète se fait, d'une certaine manière, le continuateur d'une tradition, il s'en écarte d'autant plus fortement par ailleurs; de même la tradition n'est jamais rejetée en bloc : le refus frappant certains éléments s'accompagne toujours d'une tendance à la conservation, qui en maintient d'autres. C'est pourquoi Pasternak, qui conçoit sa tâche d'écrivain comme la continuation du symbolisme, en arrive à comprendre que sa volonté de perpétuer et d'immortaliser l'art ancien ait constamment donné naissance à un art nouveau. L'imitation se trouva être « plus vive et plus ardente » que l'original et cette différence quantitative se mua, comme il est de règle, en une différence qualitative. Comme il le remarquait à propos de sa propre poésie « le nouveau ne fut pas créé pour abolir l'ancien..., il naquit au contraire d'une imitation enthousiaste du modèle ». A l'inverse, Maïakovski a préconisé délibérément l'abolition de l'ancienne poésie; Pasternak, par un sens très fin du symbolisme, n'en décèle pas moins, dans la « manière romantique » de Maïakovski et la sensibilité qu'elle recouvre, l'héritage, en quelque sorte condensé, de l'école poétique honnie par ce futuriste belliqueux. Quel est donc le fond du débat? L'apport novateur de Pasternak et de Maïakovski est tout aussi fragmentaire que ce qui les rattache à la littérature passée. Imaginons deux langues apparentées, différant à la fois par des créations récentes et par des sédiments provenant de la langue originaire : ce que l'une a conservé de leur source commune a souvent disparu dans l'autre et inversement. Ces deux langues représentent les univers poétiques de Pasternak et de Maïakovski, la langue originaire figure le système poétique du symbolisme. Les remarques qui vont suivre concernent ce qu'il y a de particulier, d'inhabituel dans l'œuvre de Pasternak, ce qui marque sa rupture avec ses prédécesseurs, le rendant à ses contemporains pour une part lointain et étranger, pour une part extraordinairement proche; c'est dans sa prose, au cheminement faussement malhabile, que l'on en trouvera la meilleure illustration.

II

Les manuels scolaires tracent avec assurance une nette délimitation entre poésie lyrique et épopée. Ramenant le problème à une simple formulation grammaticale, on peut dire que la première personne du présent est à la fois le point de départ et le thème conducteur de la poésie lyrique, alors que ce rôle est tenu dans l'épopée par la troisième personne d'un temps du passé. Quel que soit l'objet particulier d'un récit lyrique, il n'est qu'appendice, accessoire, arrière-plan de la première personne du présent; le passé lyrique lui-même suppose un sujet en train de se souvenir. Inversement le présent de l'épopée est nettement rapporté au passé, et quand le Je du narrateur en vient à s'exprimer, comme un personnage parmi d'autres, ce Je objectivé n'est qu'une variété de la troisième personne, comme si l'auteur se regardait lui-même du coin de l'œil. Il se peut en définitive que le Je soit mis en valeur en tant qu'instance enregistrante mais il n'est jamais confondu avec l'objet enregistré; ce qui revient à dire que l'auteur en tant qu' « objet de la poésie lyrique, s'adressant au monde à la première personne » reste profondément étranger à l'épopée.

Le symbolisme russe est éminemment lyrique, ses détours vers l'épopée ne sont que tentatives caractéristiques de poètes lyriques pour se parer de plumes épiques; la poésie postsymboliste opère une scission des genres : malgré la persistance du lyrisme qui jouit d'une suprématie manifeste (Maïakovski l'a porté à son expression la plus achevée), l'élément purement épique, dont la poésie et la prose de Khlebnikov offrent un exemple tout à fait unique, parvient cependant à trouver une issue. Pasternak est un authentique poète lyrique, sa prose notamment le prouve, et ses poèmes historiques ne sont pas d'une autre nature que ses cycles de poèmes intimes.

Pasternak reconnaît qu'une grande partie des découvertes de Khlebnikov lui est toujours restée incompréhensible et il ajoute pour se justifier : « La poésie, telle que je la conçois, est de toute manière intégrée à l'histoire, elle crée en s'appuyant sur la vie réelle. » Ce reproche insinuant qu'il se serait coupé de la vie réelle aurait certainement étonné Khlebnikov : n'avait-il pas en effet conçu son œuvre comme une affirmation de la réalité alors que la littérature des générations précédentes l'avait niée? Dans cet univers de signes qu'est celui de Khlebnikov, tout est si pleinement réel que chaque signe, chaque mot créé, lui paraît doté d'une réalité entièrement autonome; aussi est-il parfaitement superflu de poser la question de la référence à un objet extérieur quelconque ou même de l'existence d'un tel objet. Pour Khlebnikov comme pour la jeune héroïne de Pasternak, le nom a une signification complète et naïvement apaisante : « On ne pouvait absolument rien distinguer de ce qui se passait là-bas, tout au loin, sur l'autre rive; ça n'avait pas de nom, pas de couleur apparente ni de contours bien définis... Genia se mit à pleurer... L'explication du père fut brève : c'était *Motovilikha*... La petite fille n'y comprit rien et, satisfaite, elle avala une larme qui roulait le long de sa joue. C'est qu'elle n'avait qu'un désir : apprendre le nom de cette chose qu'on ne pouvait comprendre, *Motovilikha.* » Quand Genia fut sortie de l'enfance, elle se mit pour la première fois à soupçonner l'apparition de cacher quelque chose ou de ne le révéler qu'à des élus. L'attitude de Pasternak correspond exactement à cette disposition d'esprit propre à l'enfance. Il est hors de question que ce poète puisse avoir une attitude épique envers ce qui l'entoure; il a la conviction profonde que dans l'univers des faits prosaïques, les données de l'existence quotidienne recueillies par l'âme sont stupides, mornes et paralysantes : « elles tombent au fond [de l'âme], réelles, durcies et froides comme des cuillères d'étain ensommeillées » et seule l'ardeur passionnée de l'élu peut transformer en poésie cette « vérité qui nous opprime de ses lois ». Seul le sentiment est évident et digne d'une absolue créance. « En comparaison, le soleil lui-même semblait une de ces nouveautés qu'on trouve dans une ville et qu'il faut soumettre à un examen préalable. » Pasternak fonde sa poétique sur l'expérience affective de la réalité, dans ce qu'elle a de personnel et d'impérieux. « Sous cette apparence, les événements ne m'appartenaient pas », etc. La tendance du langage poétique à se régler sur le langage purement expressif de la musique, la justification de cette conception par la supériorité de la passion vivifiante sur l'inéluctable, tout cela est dans le prolongement de la ligne romantique suivie par le symbolisme; cependant, parallèlement au développement et à l'isolement croissant de son œuvre, le langage de Pasternak se transforme progressivement : romantique et émotionnel à l'origine, il devient un langage sur l'émotion et cet aspect descriptif trouve dans la prose du poète son expression la plus éclatante.

III

Les reflets de l'œuvre de Khlebnikov manifestes dans les écrits de Pasternak ne parviennent pas à brouiller la démarcation entre les deux poètes. Il est bien plus difficile de tracer une frontière nette entre l'œuvre de Pasternak et celle de Maïakovski. Ils appartiennent à la même génération de poètes lyriques et Maïakovski, plus que tout autre, a profondément marqué la jeunesse de Pasternak qui lui a toujours voué une grande admiration. Une comparaison attentive des réseaux métaphoriques qui leur sont familiers fait immédiatement apparaître de remarquables analogies. « Le temps et certaines influences communes m'ont rapproché de Maïakovski, il y avait entre nous des correspondances », note Pasternak. La structure métaphorique de ses poèmes comporte des traces évidentes de son engouement pour l'auteur du *Nuage en pantalon.* Mais avant de procéder à une comparaison des métaphores chez les deux poètes, il faut prendre garde qu'elles sont loin de jouer un rôle identique dans leurs œuvres. Dans les poèmes de Maïakovski, la métaphore, accentuant la tradition symboliste, n'est pas seulement le plus caractéristique des tropes poétiques, sa fonction est également essentielle, car c'est elle qui préside à l'élaboration et au développement du thème lyrique. Pour reprendre une remarque pertinente de Pasternak, la poésie s'est mise « à cet instant précis à parler le langage des symboles ésotériques ». Notre but se précise : l'orientation foncièrement métaphorique de Maïakovski étant connue, il reste à déterminer la structure thématique de son lyrisme. L'impulsion lyrique, nous l'avons dit, est donnée par le moi du poète. Dans la poésie métaphorique les images venues du monde extérieur sont appelées à entrer en accord avec cette impulsion première, à la transposer sur d'autres plans, à instituer tout un réseau de correspondances et d'impératives équivalences dans la multitude des plans cosmiques; le héros lyrique se dissout dans la multiplicité des dimensions de l'être, comme celles-ci sont destinées à se confondre en lui. La métaphore instaure une association créatrice par la voie de l'analogie ou du contraste. Le héros lyrique se voit opposer l'image antagoniste de son ennemi mortel — image à facettes multiples comme tout ce qui participe du lyrisme métaphorique —, et le thème de l'engagement du héros dans un duel à mort ne manque pas de clore le poème. Ce lyrisme héroïque, enserré dans une chaîne métaphorique solide et contraignante, réalise la fusion en un tout indissoluble de la mythologie et de l'être du poète, et celui-ci, comme l'a parfaitement compris Pasternak, doit payer de sa vie son symbolisme universel. Prenant ainsi comme point de départ la structure sémantique de la poésie de Maïakovski, nous avons pu en déduire son véritable livret et découvrir le noyau central de la biographie de ce poète.

Malgré leur raffinement et leur richesse, ce ne sont pas les métaphores utilisées par Pasternak qui déterminent le thème poétique et lui servent de fil conducteur. Ce sont les réseaux de métonymies, non de métaphores, qui confèrent à son œuvre une « expression bien particulière ». Son lyrisme — prose ou poésie — est pénétré d'un principe métonymique, gouverné par la précellence de l'association par contiguïté. A l'inverse de ce que nous avions remarqué pour la poésie de Maïakovski, la première personne est rejetée à l'arrière-plan. Mais il n'y a là qu'apparence de mépris : l'éternel héros lyrique est tout aussi présent. Son apparition s'est faite métonymique, comme dans *l'Opinion publique* de Chaplin où nous ne voyons pas le train arriver, nous le percevons seulement grâce aux reflets qu'il projette sur les personnages du film; ce train invisible, translucide, passe en quelque sorte entre l'écran et les spectateurs. De même, dans le lyrisme de Pasternak, les images environnantes fonctionnent comme des reflets juxtaposés, expressions métonymiques du moi du poète. Il lui arrive parfois de dévoiler sa poétique, mais alors, dans un geste égocentrique, il l'assimile à l'ensemble de l'art. Il ne croit pas que l'art soit susceptible d'authenticité épique ni d'ouverture sur le monde extérieur, trop convaincu que les véritables œuvres d'art, quoi qu'elles disent, ne font en fait que raconter leur naissance. « Tout se passe comme si la réalité surgissait à travers une catégorie nouvelle; cette catégorie nous paraît être son état propre non le nôtre... Nous cherchons à lui donner un nom. Ainsi naît l'art. » Si Constantinople donnait au pèlerin de la vieille Russie l'impression d'être une ville insatiable, c'est que lui-même ne pouvait assouvir sa propre envie de la

contempler. Il en va de même pour les poèmes de Pasternak, plus encore pour sa prose où se dévoile plus nettement l'anthropomorphisme qui touche le monde des objets inanimés : ce ne sont plus les héros qui se révoltent mais les objets environnants; les contours immobiles des toits manifestent leur curiosité; la porte se referme avec un air de reproche; une chaleur plus intense, soulignée par le zèle et le dévouement des lampes, révèle la joie provoquée par la réconciliation familiale, et lorsque le poète fut éconduit par la jeune fille aimée « la montagne se fit plus haute et plus mince, la ville plus maigre et plus sombre ». Nous avons à dessein cité des exemples simples, il y a dans les livres de Pasternak quantité d'images de la même espèce, mais beaucoup plus complexes. La forme élémentaire de l'association par contiguïté est l'annexion de l'objet le plus proche. Le poète connaît d'autres relations métonymiques : du tout à la partie et inversement, de la cause à l'effet ou de l'effet à la cause, d'un rapport spatial à un rapport temporel et vice versa, etc. Mais le procédé qu'il privilégie est la mention d'une activité pour son auteur, ou d'un état, d'une expression, d'une qualité propre à un individu en lieu et place de cet individu —, ces abstractions tendant, dans le même mouvement, à s'objectiver et à devenir autonomes. Le philosophe Brentano qui combattit opiniâtrement l'objectivation, logiquement illégitime, de semblables fictions fondées sur le langage, aurait découvert dans la prose et la poésie de Pasternak la plus riche collection de ces prétendues « entia », traitées comme des êtres de chair et de sang. *Sestra moja, zhizn (Ma sœur, la vie)*. Ce titre — [souvent [a]] intraduisible, puisqu'il tient à ce qu'en russe « vie » est du genre féminin —, leimotiv du recueil de poèmes le plus représentatif de Paster-

a. Cette explication s'impose en allemand — langue dans laquelle a été publié le texte — où *Leben* (vie) est du genre neutre. Pour la rendre acceptable en français nous avons ajouté [souvent].

nak, dévoile spectaculairement les racines linguistiques de cette mythologie. Ce même être apparaît à plusieurs reprises, jusque dans sa prose : « Rares sont ceux à qui la vie révèle ce qu'elle entreprend avec eux : son travail la passionne trop, et quand elle s'active, elle ne consent à parler qu'à ceux qui lui souhaitent de réussir et qui aiment son établi » *(l'Enfance de Luvers)*. On trouve dans *Sauf-conduit* un passage analogue pris dans un contexte métonymique encore plus complexe : « Soudain, sous la fenêtre, me parvint une représentation de ce qu'avait été sa vie [il s'agit de Maïakovski], une vie qui appartient déjà entièrement au passé. Elle avait pris la forme d'une rue tranquille, bordée d'arbres, et partait de la fenêtre, là, sur le côté... Et le premier à se dresser contre le mur fut notre État, notre impossible, notre incomparable État qui entrait dans les siècles pour y demeurer à jamais. Il se tenait là, en bas, on pouvait l'appeler et le prendre par la main. »

Les poèmes de Pasternak forment un royaume où les métonymies s'éveillent à une existence autonome. Derrière le héros fatigué, ses empreintes continuent de vivre et de se mouvoir, alors que, tout comme lui, elles aspirent au sommeil. Avançant sur son chemin abrupt, la vision de rêve du poète chante doucement : « Je suis la vision de rêve. » L'auteur raconte dans ses souvenirs : « J'entendais souvent le sifflement de la mélancolie, qui avait existé bien avant moi. Venant de derrière moi, il arriva à ma hauteur, prit peur et me mit d'humeur charitable... Le silence était mon compagnon de route, en chemin je lui étais échu en partage et portais son uniforme dont nous avons tous l'expérience intime. » L'expression de l'objet s'empare de la fonction : « Quelque part, tout près, on entendait de la musique... c'était un troupeau... La musique fut aspirée par les taons. Leur peau glissait sûrement, prise dans un va-et-vient spasmodique. » L'action et son auteur atteignent le même degré d'existence concrète : « deux diamants rares jouaient, isolés et autonomes, dans les nids profonds de ce bienfait mal éclairé : le petit oiseau et son gazouillis ». En devenant objet concret, l'abstraction se couvre d'accessoires neutres : « C'étaient des voies aériennes d'où, comme des rails, partaient journellement les pensées sans détour de Liebknecht, de Lénine et des quelques rares esprits de la même lignée. » L'abstraction est elle-même personnifiée au prix d'une catachrèse : « Il était midi, l'heure de la tranquillité. Elle communiquait avec la tranquillité qui s'étendait en bas dans la plaine. » L'abstraction devient capable d'actions autonomes et ces actions deviennent à leur tour objets concrets : « les petits ricanements vernis d'une règle de vie qui se disloquait se firent des clins d'œil en silence ».

Maïakovski qui aimait à s'imposer continuellement des difficultés nouvelles eut pendant de nombreuses années l'idée d'écrire un roman; il en avait même déjà imaginé les titres. Ce fut d'abord *Deux sœurs*, puis *Une douzaine de femmes*. Ce n'est pas un hasard s'il en a constamment ajourné le projet : avec le monologue lyrique et le dialogue dramatique, il se trouve dans son véritable élément, mais l'instance descriptive lui est profondément étrangère; il remplace la thématique de la troisième personne par celle de la deuxième personne. Tout ce qui n'est pas indissolublement lié au moi du poète est ressenti par Maïakovski comme hostile et antagoniste; il se tourne alors immédiatement vers l'adversaire, il provoque en duel, démasque, foudroie, accable de son ironie ou proscrit. Les merveilleuses pièces de théâtre que Maïakovski écrivit à la fin de sa vie sont, ce qui n'étonnera pas, la seule entreprise qu'il ait menée à bien dans le domaine de la prose. Les raisons qui ont amené Pasternak à se tourner vers la prose narrative ne sont pas moins motivées. Il est des poèmes à texture métonymique et des récits en prose émaillés de métaphores (la prose de Biély en est un exemple manifeste), mais une parenté à coup sûr plus étroite et plus fondamentale unit le vers à la métaphore et la prose à la métonymie. C'est sur l'association par similarité que reposent les vers; leur effet est impérativement conditionné par la similarité rythmique, et ce parallélisme des rythmes s'impose plus fortement s'il est accompagné d'une similitude (ou d'un contraste) entre les images. La prose ignore un tel dessein de frapper l'attention par l'articulation en segments d'une similitude voulue. C'est l'association par contiguïté qui donne à la prose narrative son impulsion fondamentale; le récit passe d'un objet à l'autre, par voisinage, en suivant des parcours d'ordre causal ou spatio-temporel, le passage de la partie au tout et du tout à la partie n'étant qu'un cas particulier de ce processus. Les associations par contiguïté ont d'autant plus d'autonomie que la prose est moins riche en substance. Pour la métaphore, le vers constitue la ligne de moindre résistance, pour la métonymie, c'est la prose dont le sujet est effacé ou totalement absent (on trouvera une illustration du premier cas dans les nouvelles de Pasternak et du second dans *Sauf-conduit*).

IV

Le propre des tropes poétiques n'est pas seulement de dresser un bilan minutieux des relations multiples existant entre les objets, mais tout autant de faire subir un déplacement aux relations qui ont cours. Quand, dans une structure poétique donnée, la fonction métaphorique s'exerce avec une grande tension, les classifications traditionnelles sont d'autant plus profondément subverties et les objets sont attirés dans une configuration nouvelle régie par des caractères classificatoires nouvellement créés. La métonymie créatrice (ou forcée, pour employer la terminologie des adversaires de cette innovation) transforme semblablement l'ordre traditionnel des choses. L'association par contiguïté, qui devient chez Pasternak l'instrument docile de l'artiste, procède à une redistribution de l'espace et modifie la succession temporelle. Cette propriété apparaît tout particulièrement dans les essais en prose du poète où se maintiennent cependant, à l'arrière-plan, les formes habituelles de la prose informative. Pasternak donne à ces déplacements une base émotive, ou plutôt, si l'on préfère partir de la fonction expressive de l'art verbal, c'est à travers eux qu'il permet à l'émotion de s'exprimer.

Un univers poétique où règne la métonymie estompe les contours des objets, de même que le mois d'avril abolit la frontière entre la cour et la maison dans le récit de Pasternak *l'Enfance de Luvers*; il fait de deux aspects d'un même objet deux objets indépendants; ainsi les enfants, dans le même récit, croient apercevoir au lieu d'une seule rue deux rues différentes, selon qu'ils la voient de l'extérieur ou de l'intérieur. Ces deux traits caractéristiques — interpénétration réciproque des objets (métonymie au sens propre) et décomposition de ces mêmes objets (synecdoque) — apparentent l'œuvre de Pasternak aux tentatives de la peinture cubiste. Les proportions des objets se modifient : « La gondole était gigantesque comme une femme, comme l'est tout ce qui, possédant une forme parfaite, est disproportionné avec la place qu'occupe son corps dans l'espace. » Les distances qui séparent les objets se transforment : on acquiert ainsi la certitude qu'il est plus doux de parler d'étrangers que de sa famille et, dans la première partie de *Sauf-conduit*, la vision du mouvement cosmique métamorphose les objets inanimés en un horizon lointain et figé. Pour citer un exemple frappant de la transformation que subissent les objets autour de nous : « Les lampes ne faisaient qu'accentuer le vide de l'air du soir. Elles ne donnaient aucune lumière, elles enflaient de l'intérieur comme des fruits malades, souffrant de cette hydropisie trouble et claire qui gonflait leurs abat-jour boursouflés. Elles étaient absentes. Plus qu'avec les pièces de la maison, les lampes étaient en contact avec le ciel printanier dont elles semblaient s'être rapprochées. » Pasternak lui-même compare incidemment l'espace décalé de ses œuvres à l'espace de l'eschatologie de Gogol : « on put soudain l'apercevoir des quatre coins de la terre ». Les rapports spatiaux et temporels sont mêlés, la succession dans le temps perd son caractère coercitif, les objets « sont projetés du passé vers le futur et du futur vers le passé, comme du sable dans un sablier qu'on agite souvent ». Toute contiguïté peut être conçue comme une série causale. Pasternak est impressionné par la terminologie de l'enfant qui saisit le sens d'une phrase d'après la situation et s'écrie : « Ce ne sont pas les mots qui me l'ont fait comprendre mais *la cause*. » Le poète a tendance à identifier la situation à la cause, il est conscient de préférer « à l'éloquence des faits les aléas de la conjecture », il nous apprend que le temps est pénétré de l'unité des événements qui jalonnent l'existence, et entre eux il établit des ponts, bâtis sur des « sols dérisoires », prélogiques, qu'il oppose ouvertement aux syllogismes des adultes. Il n'est donc nullement surprenant que le bavardage des interlocuteurs de Cohen se révèle « accidenté à cause des trottoirs de Marburg qui sont en forme de marches », ni que les nombreux « c'est la raison pour laquelle » employés par le poète ne soient souvent que des phrases à la causalité purement fictive.

Plus le personnage poétique a d'ampleur et plus « le résultat accompli » — pour employer le langage de Pasternak — oblitère « l'objet de l'accomplissement ». Le lien établi prend le pas sur les éléments qu'il avait à relier et les rejette dans l'ombre; « l'attrait de la signification existant pour elle-même » se dévoile, les rapports de référence aux objets sont estompés, c'est à peine s'ils transparaissent. En ce sens, aussi bien les relations métonymiques créées par Pasternak que les relations métaphoriques propres à Maïakovski, ou les méthodes si variées utilisées par Khlebnikov dans ses poèmes pour condenser la forme (interne ou externe) du langage, reflètent une tendance tenace à la suppression des objets; on retrouve d'ailleurs cette tendance caractéristique dans d'autres formes de l'art de la même époque. La relation devient objet en elle-même. Pasternak souligne inlassablement le caractère accidentel et contingent des éléments à réunir : « Chaque détail peut être remplacé par un autre... N'importe lequel d'entre eux peut valablement représenter la situation à partir de laquelle est saisie la réalité bouleversée de fond en comble... Les différents éléments de la réalité sont interchangeables. » Le poète voit dans la substituabilité mutuelle des images la définition de l'art. Des images prises au hasard ne présentent pas seulement des similitudes qui les prédisposent à être des métaphores l'une de l'autre (par exemple « A quoi peut-on bien comparer le ciel? », etc.), elles sont aussi, d'une manière ou d'une autre, virtuellement apparentées. « Qui n'est pas un peu poussière, pays natal ou paisible soirée de printemps? » — c'est en ces termes que Pasternak fait l'apologie des affinités électives universelles d'où procèdent les métonymies. Plus ces affinités sont difficiles à découvrir, plus le point commun inventé par le poète est insolite, et plus les images ou les séries entières d'images juxtaposées se disloquent et perdent de leur simplicité enfantine. Il est significatif que Pasternak en vienne logiquement à opposer « le sens introduit dans les objets » à leur apparence sensible pour laquelle il se plaît à réserver des épithètes péjoratives; dans l'univers de Pasternak le sens entraîne immanquablement la disparition des couleurs, comme l'apparence sensible entraîne la disparition de l'âme.

V

Ayant montré l'emploi systématique que le poète fait de la métonymie, il nous reste maintenant à déterminer la structure thématique de son lyrisme. Comme dans les jeux d'illusionnistes, le héros est difficile à découvrir : il se décompose en une série d'éléments et d'accessoires, il est remplacé par la chaîne de ses propres états objectivés et des objets, animés ou inanimés, qui l'environnent. « Chaque chose, même la plus infime, vivait et prenait de l'importance sans aucun égard pour ma personne » écrit Pasternak dans un cycle de poésies de jeunesse intitulé *Par-dessus les barrières* où, si l'on en croit ses propres déclarations, sa poétique avait déjà pris forme. Le thème du poème est une déconvenue amoureuse de l'auteur, mais les sujets des actions sont : une dalle, un pavé, le vent, l' « instinct inné », le « soleil nouveau », des poussins, des grillons et des libellules, une tuile, l'heure de midi, des habitants de Marburg, du sable, un temps d'orage, le ciel, etc. Une quinzaine d'années plus tard, Pasternak indiquera dans son livre de souvenirs *Sauf-conduit* qu'il envisage délibérément son existence sous le signe du hasard, qu'il pourrait multiplier les événements marquants ou les remplacer par d'autres, mais qu'en vérité il faudrait rechercher l'existence du poète sous des noms étrangers.

Montre-moi où tu vis, je te dirai qui tu es. On nous présente les moyens d'existence du héros, ce héros aux contours métonymiques, morcelé par des synecdoques qui isolent ses qualités, ses réactions, ses états d'âme; nous apprenons quels sont ses attachements, par quoi il est déterminé et quel sera son destin. Mais ce qui le constitue proprement comme héros, son activité, échappe à notre perception; l'action disparaît derrière la topographie. Alors que chez

Maïakovski l'affrontement de deux univers se termine inéluctablement par un combat singulier, l'image soigneusement polie des poèmes de Pasternak (l'univers est son propre miroir) dénonce sans cesse le caractère trompeur de cet affrontement : « l'immense jardin se traîne aux quatre coins de la salle, montre le poing au miroir, s'élance sur la balançoire, attrape la balle, la lance et atteint son objectif, il l'ébranle fortement; il n'a pas brisé le verre ». Chez Maïakovski le déroulement du thème lyrique suit le cycle des métamorphoses du héros. Pasternak, dans sa prose lyrique, adopte souvent comme formule de transition un voyage en chemin de fer pendant lequel le héros aux apparences multiples, en proie à une grande agitation mais contraint à l'inactivité, subit le changement de lieu. L'actif a été pour ainsi dire banni de la grammaire poétique de Pasternak. La métonymie, telle qu'elle apparaît précisément dans ses essais, substitue l'action à l'auteur de cette action : « quelqu'un est parfaitement réveillé, frais et dispos... il attend que la décision de se lever vienne d'elle-même, sans qu'il ait à intervenir ». L'*agent* est exclu de la thématique. L'héroïne n'a appelé personne, n'a pris rendez-vous avec personne, etc., « tout cela lui a été annoncé ». Le point culminant de l'activité de cette héroïne, qui confère à la tragédie son caractère inéluctable, est une transformation mentale de l'environnement : elle a aperçu quelqu'un « sans nécessité, ni utilité, ni sens », et l'a introduit imaginairement dans son existence. Ne serait-ce pas dans l'art que l'activité de l'homme trouve à s'exercer? L'esthétique de Pasternak donne une réponse négative : il remarque que « dans l'art l'homme est bâillonné ». Mais au moins l'art lui-même est-il actif? Non, il n'a même pas inventé la métaphore, il n'a fait que la reproduire. Le poète se refuse à offrir ses souvenirs à la mémoire de leur objet : « c'est de lui, au contraire, que je les tiens ». Si le moi lyrique de Pasternak a le rôle du *patient*, se pourrait-il que le véritable héros actif soit représenté par la troisième personne? Le véritable agent reste extérieur, il échappe à la mythologie poétique de Pasternak. L'homme ne sait généralement rien de « ce qui le crée, influence son humeur et le nourrit »; de même, est-il « parfaitement indifférent » au poète de pouvoir « nommer la force d'où procède son livre ». Dans les œuvres de Pasternak, la troisième personne ne désigne pas l'agent mais l'instrument. Ainsi, dans *l'Enfance de Luvers*, « tout ce qui était transmis des parents aux enfants arrivait prématurément, venant d'ailleurs; ce n'était pas eux qui l'avaient suscité, mais une cause indéterminée obéissant à des lois étrangères ». La thématique de Pasternak met fréquemment en évidence les caractéristiques de la troisième personne, force d'appoint, purement marginale, agissant en coulisse : « un être nouveau entra dans l'existence, une troisième personne sans aucun intérêt; elle n'avait pas de nom, ou un nom de hasard qui ne provoquait ni l'amour ni la haine ». Seule compte vraiment sa pénétration dans l'existence du moi lyrique. En dehors de ce lien au héros unique, il n'en reste que « des amas flous et anonymes ».

Ce strict relevé de lois sémantiques vaut également pour le schéma, fort simple, des récits lyriques de Pasternak. Le héros, ravi ou effrayé, est possédé par une impulsion extérieure; tantôt il en porte la marque, tantôt il perd brusquement tout contact avec elle, mais alors une nouvelle impulsion vient relayer la première. *Sauf-conduit* est le récit exalté de l'admiration mêlée d'amour que l'auteur destine tour à tour à Rilke, Scriabine, Cohen, à « une jeune fille jolie et gentille », à Maïakovski, et qui l'amène à toucher les limites de son intelligence : « ne pas comprendre autrui » est un des thèmes qui reviennent avec le plus d'insistance et d'acuité dans le lyrisme de Pasternak, comme dans les poésies de Maïakovski celui de n'être pas compris par autrui.

Des malentendus surgissent qui laissent le héros désemparé; la solution passive s'offre alors inévitablement, le héros se retire, abandonnant successivement la musique, la philosophie, la poésie romantique. L'activité du héros est chose inconnue dans l'univers du poète, elle échappe à son ressort. Si le récit laisse subsister quelques actions, elles ont une banalité de citations; l'auteur, s'engageant dans des digressions théoriques, se fait le champion du droit à la platitude. Maïakovski utilise lui aussi la platitude comme matériau de construction, mais à l'inverse de Pasternak, il l'emploie exclusivement pour caractériser le « non-moi » hostile. La même absence d'actions se retrouve dans les nouvelles de Pasternak. La plus dramatique, *les Voies aériennes* est composée « d'événements sans complexité » : l'ancien amant de la femme, qui est aussi l'ami du mari, est attendu à son retour d'un voyage en mer; tous trois sont bouleversés par la disparition de l'enfant; le nouvel arrivant est accablé par la révélation que le disparu est son fils; quinze ans plus tard il est de nouveau accablé par la confirmation de sa paternité, immédiatement suivie par la mort de son fils. Le récit occulte tout ce qui peut ressembler à de l'action : les raisons de la disparition de l'enfant, son sauvetage, la cause de sa mort. L'auteur n'a retenu que la progression de l'émotion intense ressentie par les personnages et la manière dont elle s'est reflétée.

VI

Prenant comme point de départ les particularités structurales fondamentales de leur poétique, nous avons tenté d'en déduire la thématique de Pasternak et de Maïakovski. Peut-on en conclure que l'une est dérivée de l'autre? Des formalistes mécanistes répondraient par l'affirmative en se référant aux propos de Pasternak selon lesquels il a eu dans sa jeunesse des conceptions formelles présentant des points communs avec celles de Maïakovski; ces concordances, qui menaçaient d'investir toute sa production, l'amenèrent à transformer radicalement sa manière poétique et par là même l'appréhension du monde qu'elle recouvrait. Le poste de maître-ès-métaphores étant pourvu, le poète se fit maître-ès-métonymies et tira les conclusions idéologiques qui en découlaient.

D'autres encore auraient essayé de trouver des raisons au primat du contenu. Des psychanalystes mécanistes découvriraient les sources de la thématique de Pasternak dans l'aveu qu'il fit d'avoir, à sa grande honte, pendant très longtemps « tourné en rond, en proie aux errements de l'imagination enfantine, de la dégénérescence puérile et de l'insatiable faim de la jeunesse ». Armés de ces présupposés, ils pourraient en inférer non seulement la constance thématique de l'exaltation passive suivie de chutes inévitables, ou encore un retour poignant à des motifs touchant l'adolescence, mais également les errements métonymiques autour de tout objet sur lequel se fixe l'attention. Des matérialistes mécanistes relèveraient le témoignage de Pasternak sur l'apolitisme de son entourage et son évident aveuglement devant toute problématique sociale, notamment devant le pathos social de la poésie de Maïakovski; ils donneraient un fondement socio-économique à cette atmosphère d'incohérence élégiaque, source d'embarras et d'inaction, qui règne aussi bien dans *Sauf-conduit* que dans *les Voies aériennes*.

Dans une démarche consistant à projeter une réalité pluridimensionnelle sur une surface plane, il est parfaitement légitime de chercher à établir des concordances entre les différents plans de la réalité, puis d'inférer les éléments de l'un des plans à partir de leurs homologues. Ce serait en revanche une erreur de confondre cette projection avec la réalité et de négliger le fait qu'une structure particulière et le mouvement autonome de ses divers niveaux se métamorphosent ainsi en superposition mécanique. Parmi les possibilités qui s'offrent à un stade déterminé de l'évolution formelle, un certain milieu ou un individu sont en mesure de choisir celles qui correspondent le mieux à leur conditionnement préalable (d'ordre social, idéologique, psychologique et autre); de même un faisceau de formes artistiques, qui n'est que le produit de l'évolution interne de sa propre série, trouve-t-il le milieu adéquat ou la personnalité créatrice qui lui permet de se réaliser. Il ne faudrait cependant pas attribuer à cette harmonie entre les différents plans une allure idyllique, comme si elle avait un caractère absolu. On ne saurait oublier que des tensions dialectiques sont susceptibles de se produire entre les plans de la réalité. Ces conflits sont le moteur principal de l'histoire culturelle. S'il existe à maints égards des concordances entre certaines particularités de la poésie de Pasternak et les traits marquants de sa personnalité ou de son milieu social, on peut être sûr de trouver aussi dans son œuvre un certain nombre de données que la poésie de l'époque impose impérativement à chacun de ses poètes, même si elles entrent en contradiction avec sa personnalité individuelle et sociale; ce sont les axes obligatoires qui déterminent la structure d'ensemble de cette poésie. Que le poète refuse de satisfaire à ces exigences, il se trouve automatiquement projeté hors des voies qu'elles ont tracées. De même que la biographie du poète ne se confond jamais tout à fait avec sa mission artistique, jamais celle-ci ne s'intègre à la biographie sans épreuve de force. Si le héros du *Sauf-conduit* est un perpétuel malchanceux, c'est que Pasternak poète ne peut pas tirer parti des succès, pourtant réels et nombreux, du modèle qui a donné vie au héros, tout comme le livre du Casanova ne tire aucun parti des erreurs que celui-ci a effectivement commises. Nous avons constaté dans la poésie de Pasternak et des poètes de sa génération une tendance à porter à un degré extrême l'émancipation du signe par rapport à son objet. C'est la préoccupation fondamentale de tout le nouveau courant artistique qui s'est voulu l'antithèse du naturalisme. Cette tendance, inséparable du pathos croissant propre à l'art de cette époque, se réalise indépendamment des particularités biographiques de ses tenants. Essayer, comme l'ont fait certains observateurs, de rattacher purement et simplement ce phénomène artistique spécifique à une couche sociale limitée et à une idéologie déterminée, relève d'aberrations mécanistes typiques. En prenant prétexte de l'absence d'objet qui caractérise un art pour en inférer l'irréalité de sa vision du monde, on dissimule artificiellement une antinomie fondamentale. En réalité, une philosophie tournée vers l'objectivisme correspondrait justement, en matière artistique, à la tendance à l'évacuation de l'objet.

Appartenir à un groupe monolithique ou s'aligner sur une direction déterminée répugne à Pasternak, qui met toute son ardeur à détruire les entourages habituels. Il s'efforce de convaincre Maïakovski que ce serait merveilleux s'il se décidait à abolir à jamais le futurisme. Il n'aime pas avoir des rapports « banals » avec ses contemporains; il se détourne d'eux, il invite à s'écarter de la route commune. Cependant malgré la confusion idéologique de l'époque, qui va jusqu'à la haine et à l'incompréhension réciproque, sa poésie n'en reflète pas moins intensément son « appartenance à son temps ». On la retrouve à la fois dans l'entêtement créateur à congédier l'objet et dans la transformation de la grammaire artistique. Cette grammaire reposait sur la dualité du présent et du passé, le présent opposé au seul passé était ressenti comme le pôle non-marqué, comme un « non-passé ». Ce fut précisément le futurisme qui, lançant une nouvelle appellation et instaurant à la fois une théorie et une pratique, voulut introduire le futur comme catégorie déterminante du système poétique. C'est ce que clament inlassablement les poèmes et les écrits journalistiques de Khlebnikov et de Maïakovski, et, malgré son penchant intime pour « l'horizon profond du souvenir », l'œuvre de Pasternak est empreinte du même pathos. S'emparant de l'opposition récemment apparue, Pasternak élabore une nouvelle conception du présent, considéré comme une catégorie autonome, et il conçoit clairement qu' « à elle seule la perceptibilité du présent est déjà du futur ». Ce n'est pas un hasard si l'hymne à Maïakovski, d'une intensité extrême, qui clôt *Sauf-conduit* se termine par ces mots : « dès son enfance, il fut gâté par le futur qui s'offrit à lui relativement tôt et sans grande difficulté ». Cette « réforme grammaticale » va jusqu'à transformer radicalement la fonction dévolue à la poésie dans le concert des valeurs sociales.

Traduit de l'allemand par
Michèle Lacoste et André Combes

La dominante[a]

Les trois premières étapes de la recherche formaliste ont pu, en bref, être caractérisées comme suit : 1. analyse des aspects phoniques d'une œuvre littéraire; 2. problèmes de la signification dans le cadre d'une poétique; 3. intégration du son et du sens au sein d'un tout indivisible. Au cours de cette dernière étape, le concept de *dominante* fut particulièrement fécond; ce fut l'un des concepts les plus fondamentaux, les plus élaborés, et les plus productifs, de la théorie formaliste russe. La dominante peut se définir comme l'élément focal d'une œuvre d'art : elle gouverne, détermine et transforme les autres éléments. C'est elle qui garantit la cohésion de la structure.

La dominante spécifie l'œuvre. Le caractère spécifique du langage versifié est, de toute évidence, son schéma prosodique, sa forme de « vers ». Cela peut paraître une tautologie : le « vers » est « vers ». Cependant nous devons avoir constamment présente à l'esprit cette vérité : un élément linguistique spécifique domine l'œuvre dans sa totalité; il agit de façon impérative, irrécusable, exerçant directement son influence sur les autres éléments. Mais, à son tour,

a. Extrait d'une série de conférences inédites en langue tchèque, données à l'université Masaryk à Brno au printemps 1935, sur l'École formaliste russe. « The Dominant », in L. Matejka et K. Pomorska (eds.), *Readings in Russian Poetics*, Cambridge et Londres, 1971, p. 82-87.

le « vers » n'est pas un concept simple, n'est pas une unité indivisible. Le « vers » est, en lui-même, un système de valeurs; et, comme tout système de valeurs, il possède sa propre hiérarchie de valeurs supérieures et inférieures, et, parmi elles, une valeur maîtresse, la dominante, sans laquelle (dans le cadre d'une période littéraire donnée et d'une tendance artistique donnée) le vers ne peut pas être conçu ni jugé comme tel. Par exemple, dans la poésie tchèque du XIVe siècle, la marque inaliénable du vers n'était pas le schéma syllabique mais la rime, en sorte qu'existaient des poèmes avec un nombre inégal de syllabes selon les lignes (appelées vers « sans mesure ») — qui néanmoins étaient considérés comme vers, au lieu que des vers sans rime n'étaient pas tolérés à cette époque. Inversement, dans la poésie réaliste tchèque de la seconde moitié du XIXe siècle, la rime était un procédé facultatif, tandis que le schéma syllabique était un élément impératif, irrécusable, sans lequel le vers n'était pas vers; du point de vue de cette école, le vers libre était jugé comme une *arythmia* inacceptable. Aujourd'hui que les Tchèques se sont arrêtés à la solution d'un vers libre moderne, ni la rime ni aucun modèle syllabique ne sont impératifs pour qu'il y ait vers; au lieu de cela, l'élément impératif réside maintenant dans l'intonation; — l'intonation, autrement dit, est devenue la dominante du vers. Si nous avions à comparer le vers régulier, mesuré, de la vieille *Alexandriade* tchèque, le vers rimé de l'époque réaliste, et le vers à la fois rimé et mesuré de la période présente, nous trouverions dans les trois cas les mêmes éléments : la rime, un schéma syllabique, une unité d'intonation; mais une hiérarchie différente des valeurs, — une spécificité différente des éléments impératifs, indispensables. Ce sont précisément ces éléments spécifiques qui déterminent le rôle et la structure des autres constituants.

On peut chercher l'existence d'une dominante non seulement dans l'œuvre poétique d'un artiste individuel, non seulement dans le canon poétique et l'ensemble des normes d'une école poétique, mais aussi bien dans l'art d'une époque, considérée comme formant un tout. Par exemple, il est évident que, dans l'art de la Renaissance, la dominante, le summum des critères esthétiques de l'époque, était représenté par les arts visuels. Les autres arts étaient tous orientés vers les arts visuels et se situaient dans l'échelle des valeurs selon leur éloignement ou leur proximité de ces derniers. Au contraire, dans l'art romantique, la suprême valeur fut attribuée à la musique. C'est ainsi que la poésie romantique en vint à s'orienter vers la musique : le vers y est organisé musicalement; l'intonation du vers imite la mélodie de la musique. Cette organisation autour d'une dominante qui, en réalité, est extérieure à l'essence même de l'œuvre poétique pèse sur la structure du poème en ce qui concerne sa texture phonique, sa structure syntaxique, et son imagerie; elle modifie les critères métriques et strophiques du poème, sa composition. Dans l'esthétique réaliste, la dominante se trouva être l'art verbal et la hiérarchie des valeurs poétiques en fut changée en conséquence.

En outre, la définition d'une œuvre d'art, en tant qu'on la compare à d'autres ensembles de valeurs culturelles, se change considérablement, dès que le concept de dominante est pris pour point de départ. Par exemple, le lien entre une œuvre poétique et d'autres messages verbaux peut être précisé. L'attitude qui consiste à mettre le signe d'égalité entre une œuvre poétique et la fonction esthétique, ou plus précisément la fonction poétique, lorsqu'il s'agit d'une matière verbale, caractérise les époques qui prônent un art susceptible de se suffire à lui-même, un art pur, *l'art pour l'art*. Au cours des premiers pas de l'école formaliste, on pouvait encore percevoir des traces distinctes d'une telle équation. Pourtant cette équation est, indiscutablement, une erreur : une œuvre poétique ne peut être réduite à la fonction esthétique; elle a en outre bien d'autres fonctions. En fait, les intentions d'une œuvre poétique sont souvent en étroite relation avec la philosophie, avec une morale sociale, etc. Inversement, si une œuvre poétique ne se laisse pas entièrement définir par sa fonction esthétique, la fonction esthétique ne se limite pas à l'œuvre poétique; le discours d'un orateur, la conversation quotidienne, les articles de journaux, la publicité, les traités scientifiques, — toutes ces activités peuvent tenir compte de considérations esthétiques, faire jouer la fonction esthétique, et les mots y sont souvent employés en eux-mêmes et pour eux-mêmes, et non pas simplement comme procédé référentiel.

A l'exact opposé d'une attitude rigoureusement moniste, se situe le point de vue mécaniste, qui reconnaît à une œuvre poétique une multiplicité de fonctions, et traite cette œuvre, délibérément ou inopinément, comme un agrégat mécanique de fonctions. Parce qu'une œuvre poétique a aussi une fonction référentielle, elle est parfois considérée par les tenants de cette position comme un simple document sur l'histoire culturelle, l'environnement social, ou la biographie. S'opposant à la fois au monisme intégral et au pluralisme intégral, il existe un point de vue qui, tout en étant attentif aux multiples fonctions de l'œuvre poétique, tient compte de sa cohésion, en d'autres termes, de ce qui confère à l'œuvre poétique son unité et son existence même. De ce point de vue, une œuvre poétique ne saurait se définir comme une œuvre qui remplirait exclusivement une fonction esthétique, mais non plus comme une œuvre qui remplirait une fonction esthétique parallèlement à d'autres fonctions; l'œuvre poétique doit en réalité se définir comme un message verbal dans lequel la fonction esthétique est la dominante. Il va de soi que les marques auxquelles se reconnaît la fonction esthétique, dans sa mise en œuvre, ne sont pas immuables, ni toujours identiques. Il reste que, concrètement, chaque canon poétique, chaque ensemble de normes poétiques, à une époque donnée, comporte des éléments indispensables et distinctifs, sans lesquels l'œuvre ne peut être identifiée comme poétique.

La définition de la fonction esthétique comme dominante de l'œuvre poétique permet de définir la hiérarchie des diverses fonctions linguistiques à l'intérieur de l'œuvre poétique. Dans la fonction référentielle, le signe entretient avec l'objet désigné un lien interne minimal et par suite le signe a, en lui-même, une importance minimale. La fonction expressive, au contraire, suppose, entre le signe et l'objet, un lien plus fort et plus direct, et, dans ces conditions, requiert une plus grande attention à la structure interne du signe. Comparé au langage référentiel, le langage émotif, qui remplit avant tout une fonction expressive, est, en règle générale, plus proche du langage poétique (qui est orienté précisément vers le signe en tant que tel). Le langage poétique et le langage émotionnel se chevauchent fréquemment, et le résultat, c'est que ces deux variétés de langage sont souvent, de façon tout à fait erronée, identifiées. Si la fonction esthétique joue le rôle de dominante dans un message verbal, ce message, à coup sûr, peut avoir recours à un grand nombre de procédés du langage expressif; mais ces éléments sont alors assujettis à la fonction décisive de l'œuvre, en d'autres termes, sont remodelés par sa dominante.

Les recherches sur la dominante ont eu d'importantes conséquences en ce qui concerne le concept formaliste d'évolution littéraire. Dans l'évolution de la forme poétique, il s'agit beaucoup moins de la disparition de certains éléments et de l'émergence de certains autres que de glissements dans les relations mutuelles des divers éléments du système, autrement dit, d'un changement de dominante. A l'intérieur d'un ensemble donné de normes poétiques générales, ou bien, plus particulièrement, dans un ensemble de normes valant pour un genre poétique donné, des éléments qui étaient originellement secondaires deviennent au contraire essentiels et de premier plan. Inversement, les éléments qui étaient originellement dominants n'ont plus qu'une importance mineure et deviennent facultatifs. Dans les premiers travaux de Chklovski, une œuvre poétique était définie comme la somme de ses procédés artistiques, et l'évolution poétique n'était rien d'autre que la substitution de certains procédés à d'autres procédés. Avec les développements ultérieurs du formalisme, apparut la conception plus précise d'une œuvre poétique comme système structuré, ensemble régulièrement ordonné et hiérarchisé de procédés artistiques. L'évolution poétique est dès lors un changement dans cette hiérarchie. La hiérarchie des procédés artistiques se modifie dans le cadre d'un genre poétique donné; la modification en vient à affecter la hiérarchie des genres poétiques, et, simultanément, la distribution des procédés artistiques parmi les divers genres. Des genres qui étaient, à l'origine, des voies d'intérêt secondaire, des variantes mineures, viennent à présent sur le devant de la scène, cependant que les genres canoniques sont repoussés à l'arrière-plan. Un certain nombre de travaux d'inspiration formaliste abordent de ce point de vue les différentes périodes de l'histoire littéraire russe. Goukovski analyse l'évolution de la poésie au XVIIIe siècle; Tynianov et Eikhenbaum, suivis par nombre de leurs disciples, se consacrent à l'évolution de la poésie et de la prose durant la première moitié du XIXe; Viktor Vinogradov étudie l'évolution de la prose depuis Gogol; Eikhenbaum traite du développement de la prose de Tolstoï par rapport à la toile de fond de la prose russe et de la prose européenne de l'époque. L'image de l'histoire littéraire de la Russie se modifie considérablement; elle devient incomparablement plus riche, et en même temps plus unifiée, plus synthétique et plus ordonnée, que les *membra disjecta* de la critique littéraire antérieure.

Cependant, les problèmes de l'évolution ne sont pas limités à l'histoire littéraire. On voit surgir, dans le même temps, des questions concernant les modifications des relations entre différents arts, et ici l'examen de secteurs de transition est particulièrement fécond : par exemple, l'analyse d'un secteur de transition entre la poésie et la peinture, comme l'illustration; ou l'analyse d'une région frontière entre la poésie et la musique, comme la *romance*.

Enfin on voit affleurer le problème des modifications dans les relations entre les arts et les autres domaines culturels qui leur sont liés de près, — tout spécialement dans les relations entre la littérature et d'autres types de messages verbaux. Ici l'instabilité des frontières, le jeu des modifications dans le contenu et l'étendue des différents domaines, sont particulièrement éclairants. Les genres de transition offrent pour les chercheurs un intérêt majeur. A certaines époques, de tels genres sont considérés comme étrangers à la littérature et à la poésie; à d'autres moments, au contraire, ils remplissent une fonction littéraire importante, parce qu'ils contiennent des éléments sur lesquels les belles-lettres s'apprêtent à mettre l'accent, cependant que les formes littéraires canoniques sont dépourvues de ces éléments. Parmi ces genres de transition, il y a les diverses formes de la *littérature intime* — lettres, journaux intimes, carnets, journaux de voyage, etc. — qui, à certaines époques (par exemple en Russie, dans la littérature de la première moitié du XIXe), exercent une fonction importante dans la sphère des valeurs littéraires.

En d'autres termes, des changements continuels dans le système des valeurs artistiques entraînent des changements dans l'évaluation des manifestations concrètes de l'art. Ce qui, sous l'angle de l'ancien système, était minimisé ou jugé imparfait, synonyme de dilettantisme, d'aberration, ou, simplement, d'erreur, ou ce qui était considéré comme hérétique, comme décadent, comme dépourvu de valeur, peut apparaître, et, dans la perspective d'un nouveau système, être adopté, comme valeur positive. Les poètes lyriques de la dernière phase du romantisme russe, Tioutchev et Fet, furent attaqués par les critiques d'obédience réaliste pour leurs erreurs, pour leur prétendue négligence, etc. Tourguenev, lorsqu'il publia leurs poèmes, corrigea résolument leur rythme et leur style pour les améliorer et pour les ajuster à la norme régnante. Cette édition de Tourguenev devint la version canonique de ces poèmes, et ce n'est qu'à notre époque que les textes originaux ont été rétablis et réhabilités, et qu'on a vu en eux un premier pas en direction d'une nouvelle conception de la forme poétique. Le philologue tchèque J. Král rejetait la poésie d'Erben et de Čelakovský comme erronée et comme minable du point de vue de l'école poétique réaliste, alors que l'époque moderne glorifie leurs poèmes précisément pour ce qui était condamné au nom du canon réaliste. Les œuvres du grand compositeur russe Moussorgsky ne correspondaient pas aux exigences de l'instrumentation musicale qui avait cours à la fin du XIXe siècle, et Rimsky-Korsakov, qui était, en ce temps-là, le maître de l'harmonie, les retoucha en les mettant au goût du jour; la nouvelle génération a remis en honneur les valeurs d'archaïsme sauvegardées par la « naïveté » de Moussorgsky et momentanément supprimées par les corrections de Rimsky-Korsakov, et a naturellement exclu de telles retouches d'une œuvre comme *Boris Godounov*.

Le changement, les transformations, dans les relations entre différents secteurs de l'art, devinrent une préoccupation centrale dans les travaux des formalistes. Cet aspect de l'analyse formaliste sur le terrain du langage poétique a véritablement frayé la voie à la recherche linguistique en général, dans la mesure où elle a fortement poussé à établir un pont entre la méthode historique diachronique et la méthode synchronique des coupes transversales. Ce fut la recherche formaliste qui démontra clairement que le changement, l'évolution, ne sont pas seulement des assertions d'ordre historique (d'abord il y avait A, puis A_1 s'installa à la place de A), mais que le changement est aussi un fait synchronique directement vécu, et une valeur artistique pertinente. Le lecteur d'un poème ou le spectateur d'un tableau est réellement attentif à deux ordres : d'un côté, le canon traditionnel; de l'autre, la nouveauté artistique comme déviation de ce canon. C'est sur la toile de fond de la tradition que l'innovation est perçue. Les études formalistes ont démontré que c'est cette simultanéité entre le maintien de la tradition et la rupture avec la tradition qui forme l'essence de toute nouvelle œuvre d'art.

Traduit de l'anglais par
André Jarry

2

Poésie de la grammaire et grammaire de la poésie[a]

Selon Edward Sapir (1921), si on nous propose des séquences du type : *le fermier égorge le caneton*, *l'homme attrape le poussin*, nous « percevons d'instinct, sans le moindre recours à une analyse réfléchie, que les deux phrases répondent exactement au même modèle, qu'elles sont en fait, et fondamentalement, la même phrase, et ne diffèrent que par leur côté extérieur, matériel[1]. En d'autres termes, elles expriment des concepts relationnels identiques, d'une manière identique ». Réciproquement, il est possible de modifier la phrase, ou certains de ses mots, « à un niveau purement relationnel, non matériel », sans altérer aucun des concepts matériels qui y sont exprimés. Quand on assigne à certains termes de la phrase une position différente dans le modèle syntaxique, et qu'on remplace, par exemple, l'ordre des mots : « A égorge B » par la séquence inverse : « B égorge A », on ne change pas les concepts matériels en question, on fait seulement varier leurs relations mutuelles. De même, si on remplace *fermier* par *fermiers* ou *égorge* par *égorgeait*,

1. La première version de cette étude constituait la communication que j'ai présentée au Congrès international de poétique à Varsovie en 1960; cette variante russe a été publiée dans le volume de l'Académie polonaise des sciences *Poetics, Poetyka, Poètika* (Varsovie, 1961).

a. « Poetry of grammar and grammar and poetry », *Lingua*, XXI, 1968, p. 597-609.

on ne modifie que les concepts relationnels de la phrase, sans qu'il y ait aucun changement dans la « substance concrète du discours »; son « aspect extérieur, matériel » reste inchangé.

En dépit de certaines formations frontières, et qui font transition entre les deux domaines, il y a, dans la langue, une distinction bien définie et nette entre ces deux classes de concepts — concepts matériels, concepts relationnels, — ou, en termes plus techniques, entre le niveau lexical et le niveau grammatical de la langue. Le linguiste doit être attentif à se conformer à cette dichotomie, qui est une réalité structurale objective, et transposer intégralement les concepts grammaticaux, effectivement présents dans une langue donnée, dans son métalangage technique, sans introduire dans le langage observé aucune catégorie arbitraire ou importée d'ailleurs. Les catégories à décrire sont des constituants intrinsèques du code verbal, mis en œuvre par les usagers de la langue, nullement des entités « à la convenance du grammairien », ainsi que des analystes, pourtant fort attentifs, de la grammaire des poètes — je pense à Donald Davie — ont été tentés de le croire.

Une variation au niveau des concepts grammaticaux ne traduit pas nécessairement une variation au plan de la réalité à laquelle il est fait référence. Si un témoin assure que « le fermier a égorgé le caneton », pendant qu'un autre témoin affirme que « le caneton a été égorgé par le fermier », les deux hommes ne peuvent être accusés de présenter des témoignages discordants, malgré l'opposition polaire des deux concepts grammaticaux qui s'expriment l'un dans la construction par l'actif, l'autre dans le passif. Une seule et même réalité référentielle est désignée par les phrases suivantes : *Le mensonge* (ou *la menterie* ou *mentir*) *est un péché* (ou *est peccamineux*) - *Mentir, c'est pécher* - *Les menteurs pèchent* (ou *sont peccamineux* ou *sont des pécheurs*), ou avec un singulier collectif : *Le menteur pèche* (ou *est peccamineux, est un pécheur*). Il n'y a que le mode de présentation qui diffère. Fondamentalement, il s'agit de la même équation, susceptible de s'exprimer soit en termes d'acteurs *(les menteurs, des pécheurs)* soit en termes d'actions *(mentir, pécher)*; et ces actions peuvent être présentées soit « comme » des abstractions *(le fait de mentir)* ou « comme » des choses *(le mensonge, un péché)*, soit au contraire être rapportées au sujet comme des propriétés qui le caractérisent *(peccamineux)*. Les parties du discours sont à compter au nombre de ces catégories grammaticales qui, selon le manuel de Sapir, reflètent « moins notre puissance intuitive d'analyse de la réalité que notre aptitude à construire cette réalité selon des modèles formels divers ». Ultérieurement, dans les notes préliminaires à son projet de *Fondements du langage*, Sapir (1930) put dégager les types fondamentaux de référents qui servent de « base naturelle aux parties du discours »; c'est à savoir : les *existants*, avec leur expression linguistique, le *substantif;* les *occurrents* exprimés par le *verbe;* enfin *les modalités d'existence et d'occurrence*, représentées dans la langue, respectivement, par l'adjectif et par l'adverbe.

Jeremy Bentham, qui fut peut-être le premier à mettre en évidence les « fictions linguistiques » qui sont la base de la structure grammaticale et dont l'emploi est une « nécessité » dans l'ensemble du champ du langage, arriva, dans la *Théorie des fictions*, à cette conclusion audacieuse : « C'est au langage, et au langage seulement, que les entités fictives doivent leur existence; leur impossible et cependant indispensable existence. » Les fictions linguistiques ne doivent être ni « prises pour des réalités», ni attribuées à une création fantaisiste des linguistes; elles « doivent leur existence », en fait, « au langage seul », et en particulier à la « forme grammaticale du discours », pour reprendre les termes de Bentham.

Le rôle indispensable et prescriptif qui est assumé par les

concepts grammaticaux nous met en face d'un problème complexe : celui des relations entre la valeur référentielle et cognitive, d'une part, et, d'autre part, la fiction linguistique. Peut-on effectivement mettre en question la signification des concepts grammaticaux, ou y aurait-il, à un plan non-conscient, des postulats de vraisemblance qui leur seraient attachés? Jusqu'où la pensée scientifique peut-elle faire face à la pression des modèles grammaticaux? Quelle que puisse être la réponse à ces questions encore controversées, certainement il existe un domaine des activités de la parole où « les règles du jeu dont la fonction est de classer » (Sapir, 1921) acquièrent leur signification la plus aiguë : c'est dans la FICTION, telle qu'elle se développe dans l'art du langage, que les FICTIONS LINGUISTIQUES se réalisent dans toute leur plénitude. Il est parfaitement évident que les concepts grammaticaux — ou, dans la terminologie de Fortunatov, les « significations formelles » — trouvent leurs possibilités d'application les plus étendues en poésie, dans la mesure où il s'agit là de la manifestation du langage attaché à la forme. Dès lors qu'en ce domaine la fonction poétique l'emporte sur la fonction strictement cognitive, celle-ci y est plus ou moins occultée, et l'on rejoint l'allégation de Sir Philip Sidney dans sa *Défense de la poésie :* « Quant au Poète, n'affirmant rien, il n'a jamais l'occasion de mentir. » En conséquence, selon la formule ramassée de Bentham, « les Fictions du poète sont dépourvues d'insincérité ».

Quand, dans la finale du poème de Maïakovski *Khorosho* [Bien] nous lisons : « *i zhizn' | khoroshá, || i zhit' | khoroshó ||* » (littéralement : « et la vie est bonne, et il est bon de vivre »), il est difficile de trouver, sur le plan cognitif, une différence entre ces deux propositions coordonnées; mais, au niveau de la mythologie poétique, la fiction linguistique, qui se donne pour tâche de substantiver et, par là même, d'hypostasier, aboutit à une image métonymique de la vie comme telle, considérée en elle-même et substituée aux gens en vie, *l'abstrait pour le concret*, comme le dit Galfredus de Vino Salvo, le remarquable érudit anglais du début du treizième siècle, dans sa *Poetria nova* (cité dans le livre de Faral). En face de la première proposition, avec son adjectif en fonction de prédicat, du même genre que le sujet, c'est-à-dire féminin et susceptible de personnification, — la seconde proposition, avec son infinitif imperfectif, et avec une forme neutre, et sans sujet réel, de prédicat, se présente comme un pur procès, ne comportant aucune limitation ou transposition, et laissant la place libre à un datif d'agent.

La récurrence d'une même « figure grammaticale », qui est, comme l'a bien vu Gerard Manley Hopkins, avec le retour d'une même « figure phonique », le principe constitutif de l'œuvre poétique, est particulièrement évidente dans ces formes poétiques où, plus ou moins régulièrement, des unités métriques contiguës sont combinées, en fonction d'un parallélisme grammatical, en paires ou, occasionnellement, en triplets. La définition de Sapir citée plus haut s'applique parfaitement à de telles séquences voisines : « elles sont en fait, et fondamentalement la même phrase, et ne diffèrent que par leur aspect extérieur, matériel ».

Il y a eu différentes tentatives pour décrire des spécimens d'un tel parallélisme, canonique ou tout proche de l'être, dénommé style oraculaire par J. Gonda dans sa monographie, pleine de remarques passionnantes, sur « le balancement des groupes de mots binaires » dans les Vedas, ainsi que dans les ballades Nias et dans les litanies sacerdotales. Une attention particulière a été accordée par les spécialistes au *parallelismus membrorum* qui est caractéristique de la Bible et qui plonge ses racines dans la tradition archaïque chananéenne, ainsi qu'au rôle constant et dominant du parallélisme dans la poésie et la prose poétique de la Chine. Un modèle similaire se manifeste comme le fondement de la poésie orale chez les Finno-Ougriens, les Turcs et les Mongols. Les mêmes procédés jouent un rôle capital dans les chansons et récitatifs du folklore russe [1]. C'est le cas, par exemple, de ces vers, qui sont un préambule typique de l'épopée héroïque (byline) russe :

Kak vo stól'nom górode vo Kíeve,
A u láskova knjázja u Vladímira,
A i býlo stolován'e pochótnyj stól,
A i býlo pirován'e pochéstnyj pír,
A i vsé na pirú de napiválisja,
A i vsé na pirú da poraskhvástalis',
Úmnyj khvástaet zolotój kaznój,
Glúpyj khvástaet molodój zhenój.

Comment dans la ville capitale, à Kiev,
Sous le bienveillant prince, sous Vladimir,
Il y eut rassemblement — assemblée splendide,
Il y eut festoiement — festin somptueux,
Chacun dans la fête s'enivra,
Chacun dans la fête se vanta,
Le malin se vanta de son or,
L'étourdi se vanta de sa femme.

Les systèmes de parallélismes dans l'art verbal nous renseignent directement sur l'idée que se fait le locuteur des équivalences grammaticales. L'examen de différentes sortes de licence poétique dans le domaine du parallélisme, aussi bien que l'étude des conventions en matière de rime, peuvent nous fournir des clés précieuses pour l'interprétation de la composition d'une langue donnée et de l'importance relative de ses constituants (par exemple l'équivalence habituelle entre l'allatif et l'illatif, en finnois, ou entre le prétérit et

1. L'état présent de la recherche internationale sur le parallélisme comme fondement de la poésie (soit écrite soit orale) est évoqué dans « Grammatical parallelism and its Russian facet », *Language*, XLII (1966) [trad. fr. : *Questions de poétique*, Paris, éd. du Seuil, 1973, p. 234-279].

le présent, à l'encontre des cas ou des catégories verbales qui ne s'organisent pas par couples, — phénomène observé par Steinitz dans son travail de pionnier sur le parallélisme dans le folklore carélien). L'interaction — à travers équivalences et divergences — des niveaux syntaxique, morphologique et lexical; les différentes espèces, au niveau sémantique, de contiguïtés, similarités, synonymies, antonymies; la variété des types et des fonctions de ce qu'on appelle les « vers isolés », — sont autant de phénomènes qui, tous, requièrent une analyse systématique, indispensable pour la compréhension et l'interprétation des divers artifices grammaticaux en poésie. Un problème aussi crucial pour la linguistique et la poétique que celui du parallélisme peut difficilement être dominé si l'on borne systématiquement l'examen aux formes extérieures, en excluant de la discussion les significations grammaticales et lexicales.

Dans les interminables chants de canotage des Lapons de Kola (cités par Kharuzin), deux personnages juxtaposés, qui accomplissent des actions identiques, constituent la matière thématique uniforme, entraînant l'enchaînement automatique des vers selon un schéma de ce type : « A est assis à droite du bateau; B est assis à gauche. A tient une rame dans sa main droite; B tient une rame dans sa main gauche », etc.

Dans les récits populaires russes, chantés ou récités, sur Foma et Erioma (Thomas et Jérémie), les deux malheureux frères deviennent un prétexte comique à l'enchaînement de propositions parallèles qui parodient le style oraculaire, caractéristique de la poésie populaire russe, et qui présentent les traits quasi-différentiels des aventures des deux frères en juxtaposant des expressions synonymes ou des images à peu de chose près superposables : « Ils découvrirent Erioma et ils trouvèrent Foma; ils rouèrent de coups Erioma et ils ne firent pas grâce à Foma; Erioma s'enfuit dans un bois de bouleaux, et Foma dans un bois de chênes », etc. (cf. les recensions, riches d'enseignement, de ces histoires, dans Aristov et dans Adrianova-Perets, ainsi que leur analyse attentive par Bogatyrev).

Dans la ballade du Nord de la Russie : *Vasili et Sofya* (voir, en particulier, les variantes qu'en ont publiées d'une part Sobolevski et d'autre part Astakhova, ainsi que le commentaire de cette dernière), le parallélisme grammatical binaire devient le ressort de l'intrigue, entraînant tout le développement dramatique de cette belle et concise *bylina*. En termes de parallélisme antithétique, la scène initiale de l'église oppose la pieuse invocation : « Dieu Père! » des paroissiens et le cri incestueux de Sofya : « Vasili mon frère! ». Ensuite, l'intervention maléfique de la mère introduit une série de distiques qui lie ensemble les deux héros à travers une étroite correspondance entre chacun des vers consacrés au frère et le vers symétrique où il est question de la sœur. Quelques-uns de ces couples de membres parallèles ressemblent, par leur construction stéréotypée, aux clichés plus haut mentionnés des chants lapons : « Vasili fut enterré à droite, et Sofya fut enterrée à gauche. » L'entrecroisement des destins de ces deux amoureux est renforcé par des constructions en chiasme : « Vasili bois, mais n'en donne pas à Sofya! Toi, Sofya, bois, mais n'en donne pas à Vasili! Mais Vasili but et fit boire Sofya, mais Sofya but et fit boire Vasili. » La même fonction est assumée par les images du *kiparis* (cyprès), arbre au nom masculin, sur la tombe de Sofya, et de la *verba* (le saule), arbre au nom féminin, sur la tombe voisine de Vasili : « Ils s'accolaient par leurs têtes, / et ils s'enlaçaient par leurs feuilles. // » La destruction, en parallèle, des deux arbres par la mère fait écho à la mort dramatique du frère et de la sœur. Je serais étonné que les efforts de certains spécialistes comme Christine Brooke-Rose pour tracer une ligne de démarcation rigoureuse entre les tropes et le décor poétique fussent applicables à cette ballade; et, de façon générale, l'éventail des poèmes et des genres poétiques qui s'accommodent d'une telle frontière est certainement très limité.

Pour reprendre les termes d'une des contributions les plus brillantes de Hopkins à la poétique, son article de 1865 *Sur l'origine de la beauté*, des structures canoniques comme celles de la poésie hébraïque, « qui obéissent à des parallélismes comme principe de couplage », sont bien connues, « mais le rôle important joué, au plan de l'expression, par le parallélisme dans notre poésie est beaucoup moins connu : je pense qu'il surprendra tout le monde quand on commencera à le mettre en lumière ». En dépit d'exceptions isolées, comme la récente exploration entreprise par Berry, le rôle qu'a joué la « figure de grammaire » dans le monde de la poésie depuis l'Antiquité jusqu'à nos jours est encore un objet de surprise pour ceux qui se consacrent à la littérature, un siècle entier après qu'Hopkins lui-même eut commencé à le mettre en lumière. Chez les anciens et au Moyen Age, la théorie de la poésie comportait un soupçon de grammaire poétique et se montrait toute prête à faire la distinction entre les tropes et les figures grammaticales *(figurae verborum)*, mais ces rudiments prometteurs furent ensuite oubliés.

On peut avancer que dans la poésie la similarité se superpose à la contiguïté, et que par conséquent « l'équivalence est promue au rang de procédé constitutif de la séquence ». Dans ces conditions, tout retour, susceptible d'attirer l'attention, d'un même concept grammatical devient un procédé poétique efficace [1]. Toute description non prévenue, atten-

1. Voir « Linguistics and poetics », *Style in Language*, ed. by T. Sebeok, New York, 1960 [trad. fr. : « Linguistique et Poétique », chap. XI des *Essais de linguistique générale*, Paris, éd. de Minuit, 1963].

La structure grammaticale d'un certain nombre de poèmes échelonnés du IXe au XXe siècle a été étudiée par l'auteur dans les publications suivantes :

tive, exhaustive, totale, de la sélection, de la distribution et de l'inter-relation des diverses classes morphologiques et des diverses constructions syntaxiques dans un poème donné surprend le praticien lui-même par la présence inattendue, frappante, de symétries et d'antisymétries, par l'équilibre entre structures, par une accumulation efficace de formes équivalentes et de contrastes saillants, enfin par des restrictions strictes portant sur l'inventaire des éléments morpho-

---

— « Pokhvala Konstantina Filosofa Grigoriju Bogoslovu », *Slavia*, XXXIX, Prague, 1970.
— (avec P. Valesio) « Vocabulorum constructio in Dante's sonnet. " Se vedi li occhi miei " », *Studi Danteschi*, XLIII, Florence, 1966.
— « Struktura dveju srbohrvatskih pesama », *Zbornik za filologiju i lingvistiku*, IV-V, Novi Sad, 1961-1962;
— « The grammatical texture of a sonnet from Sir Philip Sidney's, *Arcadia* », *Studies in Language and Literature in Honour of M. Schlauch*, Varsovie, 1966;
— « Razbor tobol'skikh stikhov Radishcheva », *18 vek*, VII, Leningrad, 1966;
— « The grammatical Structure of Janko Král's Verses », *Sbornik filozofickej fakulty University Komenského*, XVI, Bratislava, 1964;
— (avec C. Lévi-Strauss) « Les " Chats " de Charles Baudelaire », *l'Homme* II, 1962 [ici-même, p. 163-188;
— « Une microscopie du dernier Spleen dans les Fleurs du Mal », *Tel Quel*, 29, Paris, 1967;
— « Struktura na poslednoto Botevo sikhotvorenie », *Ezik i literatura*, XVI, Sofia, 1961;
— (avec B. Casacu) « Analyse du poème *Revedere* de Mihai Eminescu », *Cahiers de linguistique théorique et appliquée*, I, Bucarest, 1962.
— « Devushka pela » (poème de A. Blok), *Orbis scriptus D. Tschižewskij zum 70. Geburtstag*, Munich, 1966;
— (avec P. Colaclides) « Grammatical imagery in Cavafy's poem *Remember, Body* », *Linguistics*, 20, La Haye, 1966;
— « Der grammatische Bau des Gedichts von B. Brecht *Wir sind sie* », *Beiträge zur Sprachwissenschaft, Volkskunde und Literaturforschung, W. Steinitz dargebracht*, Berlin, 1965 [trad. fr. : *Questions de poétique*, p. 444-462] ;
— et les articles auxquels il est fait référence dans les notes des pages 99 et 101.

Le troisième tome des *Selected Writings* de R. Jakobson, actuellement en préparation, est tout entier consacré à « la Poésie de la Grammaire et la Grammaire de la Poésie ».

logiques et syntaxiques auxquels a recours le poème, ces éliminations permettant, en retour, de saisir le jeu parfaitement maîtrisé des éléments effectivement utilisés. Insistons sur le caractère convaincant de ces procédés; tout lecteur tant soit peu sensible, pour reprendre la formule de Sapir, perçoit d'instinct l'effet poétique et la charge sémantique de ces dispositifs grammaticaux, « sans le moindre recours à une analyse réfléchie », et bien souvent le poète lui-même, à cet égard, est dans la même situation qu'un tel lecteur. De la même façon, dans un contexte traditionnel, l'auditeur et l'interprète de la poésie populaire, fondée sur une utilisation presque constante du parallélisme, saisit les déviations, sans être pour autant capable de les analyser : ainsi les guslars serbes, et aussi bien leur auditoire, relèvent, et souvent même condamnent, toute déviation par rapport au modèle syllabique du chant épique, et par rapport à l'emplacement régulier de la coupe, mais sont parfaitement incapables de définir la nature de l'écart.

Il arrive souvent que les contrastes au niveau de l'agencement grammatical soulignent la division du poème en strophes et en sections de strophes, comme c'est le cas pour le fameux chant de bataille hussite du début du XVe siècle, avec sa double trichotomie [1]; il arrive même qu'ils servent de base et d'armature à une composition stratifiée de ce type : témoin le poème de Marvell *To his Coy Mistress*, avec ses trois paragraphes tripartites, dont les frontières et les subdivisions sont imposées par la grammaire.

La juxtaposition de concepts grammaticaux contrastants peut se comparer à ce qu'on appelle, en langage cinématographique, le « montage cut » : c'est un type de montage qui, si l'on s'en rapporte, par exemple, à la définition de Spot-

1. Voir « Ktož jsú boži bojovníci », *International Journal of Slavic Linguistics and Poetics*, 7, 1963.

tiswoode, juxtapose les prises de vue ou les séquences de façon à faire naître dans l'esprit du spectateur des idées que ces prises de vue ou que ces séquences ne seraient pas susceptibles, par elles-mêmes, de suggérer.

Au nombre des catégories grammaticales appelées à figurer dans des parallélismes ou des contrastes, on trouve en fait l'ensemble des parties du discours, susceptibles ou non de flexion : nombres, genres, cas, degrés de comparaison, temps, aspects, modes, voix, répartition des mots en abstraits et concrets, animés et inanimés, noms communs et noms propres, affirmations et négations, verbes conjugués et infinitifs, adjectifs pronominaux ou articles définis ou indéfinis, et toute la variété des éléments et des constructions syntaxiques.

L'écrivain russe Veresaev a reconnu dans ses notes intimes que quelquefois il lui semblait que les images n'étaient qu' « une contrefaçon de la vraie poésie ». En règle générale, dans un poème sans images, c'est la « figure de grammaire » qui devient dominante et qui supplante les tropes. Au même titre que le chant de bataille hussite, les poèmes lyriques de Pouchkine comme *Ja vas ljubil* sont des exemples éloquents d'un pareil monopole des procédés grammaticaux. On trouve pourtant, beaucoup plus fréquemment, un jeu mêlé des deux catégories d'éléments : c'est le cas, par exemple, des stances de Pouchkine *Chto v imeni tebe moem*, qui forment un contraste manifeste avec l'œuvre « sans images » précédemment citée, alors que l'une et l'autre ont été écrites la même année et adressées probablement à la même dédicataire, Karolina Sobańska [1]. L'opposition, dans un poème, entre ce qui appartient au langage imagé, métaphorique, et ce qui relève d'un niveau immédiat, peut être fortement déterminée par

1. Cf. un examen comparatif de ces deux poèmes de Pouchkine dans l'article en langue russe auquel il est fait référence à la note 1 de la p. 89.

un contraste entre les constituants grammaticaux : c'est ce que nous trouvons, par exemple, en Pologne, dans les méditations concises de Cyprian Norwid, l'un des plus grands poètes mondiaux de la fin du XIXe siècle [1].

Le caractère contraignant des procédures grammaticales et des concepts grammaticaux met le poète dans la nécessité de compter avec ces données; soit qu'il tende à la symétrie et s'en tienne à ces modèles simples, susceptibles de répétition, parfaitement clairs, qui sont fondés sur un principe binaire, soit qu'il en prenne le contrepied, quand il recherche un « beau désordre ». J'ai répété maintes fois que la technique de la rime est « soit grammaticale soit anti-grammaticale », mais qu'elle ne saurait être a-grammaticale : on peut en dire autant de tout ce qui concerne la grammaire chez les poètes. Il y a, à cet égard, une analogie remarquable entre le rôle de la grammaire en poésie et, chez le peintre, les règles de la composition fondées sur un ordre géométrique latent ou manifeste, ou au contraire sur une révolte contre tout agencement géométrique. Dans le domaine des arts figuratifs, les principes de la géométrie constituent, selon la formule empruntée par Bragdon à Emerson, une « belle nécessité ». C'est la même nécessité qui, dans le langage, marque de son sceau les « significations grammaticales [2] ». Cette parenté entre les deux domaines, qui, dès le XIIIe siècle, avait été mise en lumière par Robert Kilwardby (cf. Wallerand, p. 46), et qui avait décidé Spinoza à traiter la grammaire *more geometrico*, émergea, dans une étude linguistique de Benjamin Lee Whorf, « Language, Mind and Reality », publiée peu de temps après sa mort (Madras, 1942). L'auteur définit

1. Voir « 'Przeszlość' Cypriana Norwida », *Pamietnik literacki*, 54, Varsovie, 1963.

2. Cf. R. Jakobson, « Boas'view of grammatical meaning », *American Anthropologist*, LXI (1959), 5, part. 2. *Memoir*, p. 89 [trad. fr. : *Essais de linguistique générale*, Paris, 1963, chap. x].

les modèles abstraits des « structures de phrases » en l'opposant aux « phrases particulières » et au vocabulaire qui est un élément de l'ordre linguistique, « en quelque sorte rudimentaire et incapable de se suffire à soi-même », et envisage « une " géométrie " des principes formels qui caractérisent chaque langue ». Une comparaison entre la grammaire et la géométrie fut esquissée par Staline au cours de sa polémique de 1950 contre l'aberration linguistique de Marr : la propriété distinctive de la grammaire est sa puissance d'abstraction; « en s'abstrayant elle-même de tout ce qui, dans les mots et les phrases, est du domaine du particulier et du concret, la grammaire ne s'occupe que du modèle général, qui est à la base des substitutions de mots et des combinaisons de mots en phrases, et construit en ce sens ses règles et lois [...] A cet égard, la grammaire ressemble à la géométrie, qui, en formulant ses lois, s'abstrait elle-même des choses concrètes, traite les choses comme des entités dépourvues de qualités concrètes, et définit leurs relations mutuelles non comme les relations concrètes de certains objets concrets, mais comme des relations entre entités en général, c'est-à-dire comme des relations dépourvues de tout caractère concret [1] ». La puissance d'abstraction de la pensée humaine, qui est le fondement, selon les deux auteurs cités, tout à la fois de la géométrie et de la grammaire, surimpose des figures géométriques ou grammaticales simples au mot, — qui se contente de « peindre » les objets particuliers, — et à la « matière » lexicale concrète de l'art du langage, — ainsi que le comprirent, de façon perspicace, dès le XIIIe siècle, Villard de Honnecourt, pour les arts graphiques, et Galfredus, pour la poésie.

1. Comme V. A. Zvegincev me l'a fait remarquer, Staline, dans sa comparaison de la grammaire et de la géométrie, s'est inspiré des vues de V. Bogorodickij, disciple éminent du jeune Baudouin de Courtenay et de M. Kruszewski.

Le rôle essentiel joué dans la texture grammaticale de la poésie par toutes sortes de pronoms [a] est dû au fait que les pronoms, à la différence de tous les autres mots autonomes, sont des entités purement grammaticales et relationnelles; outre les substantifs pronominaux et les adjectifs pronominaux, il faut inclure dans cette classe des adverbes pronominaux et les verbes qu'on appelle verbes-substantifs (mais qu'il faudrait appeler verbes pronominaux) tels que *être* et *avoir*. Le rapport des pronoms aux mots non pronominaux a été maintes fois comparé au rapport des êtres géométriques aux êtres physiques (voir, par exemple, Zarecki).

En plus des procédés courants et d'extension très générale, la texture grammaticale de la poésie présente quantité de traits saillants plus spécifiques qui sont caractéristiques d'une littérature nationale donnée, d'une période déterminée, d'un genre particulier, d'un poète singulier, ou même d'une œuvre isolée. Les érudits du XIIIe siècle dont nous avons cité les noms nous remettent en mémoire le sens de la composition et l'habileté technique extraordinaires de l'époque gothique, et nous aident à comprendre la structure étonnante du chant de bataille hussite « Ktož jsú boží bojovníci ». C'est à dessein que nous insistons sur ce poème, monument de courroux révolutionnaire, à peu près dépourvu de tropes, très éloigné de l'ornementalisme ou du maniérisme : la structure grammaticale de l'œuvre révèle une articulation particulièrement travaillée.

Comme l'a montré l'analyse de ce chant (voir référence p. 99, n. 1), ses trois strophes, l'une après l'autre, se présen-

a. Le lecteur français devra se rappeler que la rubrique des « pronoms » est beaucoup moins riche dans la routine scolaire française que dans bon nombre de grammaires étrangères, où l'on distingue, comme le fait ici Jakobson, des « substantifs pronominaux », des « adjectifs pronominaux », etc.

tent sous une forme triadique, se divisant chacune en trois unités strophiques secondaires, ou *membra*. Chacune des trois strophes possède des traits grammaticaux qui lui sont propres et que nous avons appelés « similarités verticales ». Les trois *membra*, dans les trois strophes, se correspondent un à un, d'une strophe à l'autre, par des propriétés particulières, dénommées « similarités horizontales », de telle façon qu'à l'intérieur d'une même strophe, chaque *membrum* se différencie des deux autres. Le *membrum* initial et le *membrum* final du chant sont apparentés l'un à l'autre, ainsi qu'au *membrum* central (c'est-à-dire au second de la seconde strophe), et se différencient de tout le reste par des traits spécifiques qui dessinent, entre ces trois *membra*, une « diagonale descendante », — en opposition à la diagonale ascendante » qui relie le *membrum* central du chant au *membrum* final de la strophe initiale et au *membrum* initial de la strophe finale. En outre, des similarités notables rapprochent (tout en les séparant du reste) les *membra* centraux de la première et de la troisième strophe et le *membrum* initial de la seconde strophe, et, d'autre part, les *membra* terminaux de la première et de la troisième strophe et le *membrum* central de la seconde strophe. La première relation peut être dénommée « arc convexe supérieur »; la seconde « arc convexe inférieur ». Enfin, pareillement déterminés par des critères grammaticaux, apparaissent les « arcs concaves » : « arc concave supérieur », unissant les *membra* initiaux de la première et de la dernière strophes et le *membrum* central de la seconde strophe; « arc concave inférieur », liant les *membra* centraux de la première et de la dernière strophe et le *membrum* terminal de la seconde strophe [a].

a. Pour éclairer tout ce passage (qui est obscurci, dans l'édition originale, par une coquille, et qui se trouve ici traduit conformément aux corrections que Jakobson y a apportées en vue de l'édition de ses

Cette solide « membrure », cet équilibre géométrique, doivent être considérés sur le fond de décor de l'art gothique et de la scolastique, rapprochés de façon convaincante par Erwin Panofsky. Par sa construction, ce chant tchèque du début du XVe siècle s'apparente à ce qui fait à l'époque autorité : les préceptes de la « très classique *Somme*, avec sa triple exigence : — de totalité (caractère suffisant de l'énumération); — de construction, conformément à un système homologique de parties et de parties de parties (caractère suffisant de l'articulation); — de netteté et de puissance convaincante dans l'argumentation (caractère suffisant de l'inter-relation). » Aussi grande que soit la distance entre

---

œuvres complètes), on transpose, sous la forme d'un schéma, l'ensemble de l'analyse :

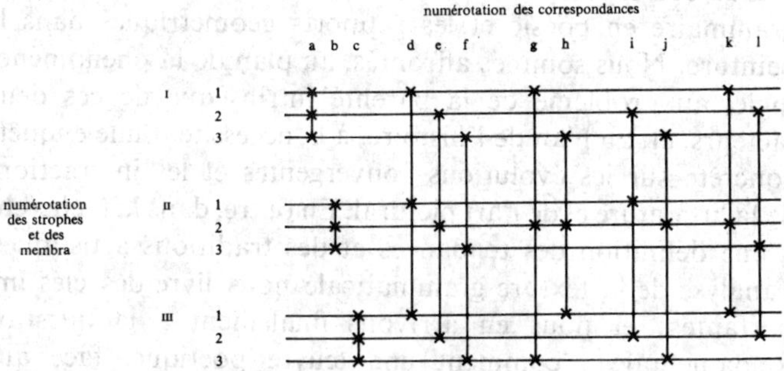

a	I1 I2 I3	similarités verticales
b	II1 II2 II3	
c	III1 III2 III3	
d	I1 II1 III1	similarités horizontales
e	I2 II2 III2	
f	I3 II3 III3	
g	I1 II2 III3	diagonale descendante
h	I3 II2 III1	diagonale ascendante
i	I2 II1 III2	arc convexe supérieur
j	I3 II2 III3	arc convexe inférieur
k	I1 II2 III1	arc concave supérieur
l	I2 II3 III2	arc concave inférieur

le thomisme et l'idéologie de l'auteur anonyme du *Zisskiana cantio*, la construction de ce chant satisfait entièrement l'exigence artistique de Thomas d'Aquin : « Les sens trouvent leur plaisir dans des objets convenablement proportionnés, en tant que ces objets leur sont apparentés; car les sens sont une sorte de raison, au même titre que toute faculté cognitive. » La texture grammaticale de ce choral hussite correspond aux principes de composition de la peinture tchèque de même époque. Dans sa monographie sur la peinture de l'époque hussite, Kropáček analyse le style du début du XVe siècle et met en évidence une articulation systématique et rigoureuse de la surface, une étroite subordination des parties aux fonctions de l'ensemble, et un usage concerté des contrastes.

L'exemple tchèque nous aide à entrevoir tout ce qu'il y a de correspondances complexes entre les fonctions de la grammaire en poésie et les rapports géométriques dans la peinture. Nous sommes affrontés, au plan de la phénoménologie, au problème de la parenté intrinsèque de ces deux facteurs, et, au plan de l'histoire, à la nécessité d'une enquête concrète sur les évolutions convergentes et les interactions de la littérature et de l'art pictural. En outre, dans la recherche d'une définition des tendances et des traditions artistiques, l'analyse de la texture grammaticale nous livre des clés importantes; et nous en arrivons finalement à la question fondamentale : comment une œuvre poétique, face aux procédés en honneur dont l'inventaire lui est légué, les exploite-t-elle à une fin nouvelle, et leur donne-t-elle une valeur neuve, à la lumière de leurs fonctions nouvelles? C'est ainsi, pour revenir à notre exemple, que le chef-d'œuvre de la poésie révolutionnaire hussite a hérité du trésor opulent de l'époque gothique ces deux sortes de parallélisme grammatical que sont, selon la terminologie de Hopkins, la « comparaison par ressemblance » et la « comparaison par dissemblance »; nous avons, à partir de là, pour tâche de rechercher comment la combinaison de ces deux procédés — principalement grammaticaux — a permis au poète de mener à bien, de façon cohérente, convaincante, efficace, le passage du cantique initial, par l'argumentation militante de la seconde strophe aux ordres militaires et aux cris de bataille de la strophe finale, ou — en d'autres termes — comment le plaisir poétique, communiqué par des structures verbales convenablement proportionnées, se mue en une puissance de commandement qui mène à une action directe.

Traduit de l'anglais par
André Jarry

RÉFÉRENCES

Adrianova-Perec (V.), *Russkaja demokraticheskaja satira XVII v.*, Moscou-Leningrad, 1954.

Aristov (N.), « Povest' o Fome i Ereme », *Drevnjaja i novaja Rossija*, IV (1876).

Astakhova (A.), *Byliny Severa*, t. II, Moscou-Leningrad, 1951.

Bentham (J.), *Theory of Fictions*, éd. et présenté par C. K. Ogden, Londres, 1939.

Berry (F.), *Poets' grammar*, Londres, 1958.

Bogatyrev (P.), « Improvizacija i normy khudozhestvennykh priemov na materiale povestej XVIII v., nadpisej na lubochnykh kartinkakh, skazok i pesen o Ereme i Fome », *To Honor Roman Jakobson*, t. I, La Haye-Paris, 1967.

Bragdon (C.), *The Beautiful Necessity*, Rochester-New York, 1910.

Brooke-Rose (C.), *A grammar of metaphor*, Londres, 1958.

Davie (D.), *Articulate Energy; an inquiry into the syntax of English poetry*, Londres, 1955.

Faral (E.), *Les Arts poétiques du XIIe et XIIIe siècle*, Paris, 1958.
Fortunatov (F.), *Izbrannye trudy*, t. I, Moscou, 1965.
Gonda (J.), *Stylistic repetition in the Veda*, Amsterdam, 1959.
Hopkins (G. M.), *Journals and Papers*, Londres, 1959.
Kharuzin (N.), *Russkie lopari*, Moscou, 1890.
Kropáček (P.), *Malířství doby husitské*, Prague, 1956.
Panofsky (E.), *Gothic Architecture and Scholasticism*, New York, 1957 [trad. fr. : *Architecture gothique et Pensée scolastique*, Paris, 1969].
Sapir (E.), *Language*, New York, 1921 [trad. fr. : *le Langage*, Paris, 1953].
Sapir (E.), *Totality*, Baltimore, 1930.
Sobolevski (A.), *Velikorusskie narodnye pesni*, t. I, Saint-Pétersbourg, 1895.
Spottiswoode (R.), *Film and its technique*, New York, 1951.
Stalin (I.), *Marksizm i voprosy jazykoznanija*, Moscou, 1950.
Steinitz (W.), *Der Parallelismus in der finnisch-karelischen Volksdichtung*, Helsinki, 1934.
Veresaev (V.), « Zapisi dlja sebja », *Novyj Mir*, 1960.
Wallerand (G.), *Les Œuvres de Siger de Courtrai*, Louvain, 1913.
Whorf (B. L.), *Language, Thought and Reality*, New York, 1965 [trad. fr. : *Linguistique et Anthropologie*, Paris, 1969].
Zareckij (A.), « O mestoimenii », *Russkij jazyk v shkole*, VI, 1960.

Structures linguistiques subliminales en poésie[a]

Que le critique d'une part, et que le versificateur d'autre part, le veuille ou non.
Ferdinand de Saussure

Chaque fois que je discute de la texture phonologique et grammaticale de la poésie, et quelles que soient la langue et l'époque des poèmes examinés, la même question surgit parmi mes lecteurs ou mes auditeurs : les mécanismes dégagés par l'analyse linguistique ont-ils été visés délibérément et rationnellement dans le travail créateur du poète? Celui-ci est-il conscient de leur existence?

Un calcul des probabilités aussi bien qu'une comparaison précise des textes poétiques avec d'autres sortes de messages verbaux démontrent que les particularités frappantes qui caractérisent la sélection, l'accumulation, la juxtaposition, la distribution, et l'exclusion, en poésie, de diverses classes phonologiques et grammaticales, ne peuvent pas être tenues pour des accidents négligeables régis par le seul hasard. Toute composition poétique significative, qu'elle résulte de l'improvisation ou soit le fruit d'un long et pénible travail, implique un choix orienté du matériel verbal.

C'est en particulier quand on compare les variantes existantes d'un poème que l'on peut se rendre compte de la pertinence pour l'auteur du cadre phonématique, mor-

a. « Subliminal verbal patterning in poetry ». La première version anglaise de cette étude a été publiée dans *Studies in General and Oriental Linguistics Presented to Shirô Hattori*, Tokyo, 1970, p. 302-308.

phologique et syntaxique. La nature exacte des éléments pivots peut bien rester — et c'est fréquemment le cas — en dehors de la conscience de l'auteur, mais, même s'il n'est pas capable de toucher du doigt les procédés pertinents, le poète, tout comme le lecteur réceptif, appréhende néanmoins spontanément les avantages artistiques d'un contexte doté de ces composants sur un contexte similaire dont ils sont absents.

Le poète est plus habitué à abstraire les structures linguistiques et tout particulièrement les règles de versification, qu'il suppose être obligatoires, tandis que des mécanismes facultatifs, soumis à variations, se prêtent moins aisément à une interprétation et à une définition séparées. De toute évidence, une délibération consciente peut intervenir et jouer un rôle bénéfique dans la création poétique, comme Baudelaire l'a bien montré dans le cas d'Edgar Allan Poe. Toutefois, la question reste ouverte de savoir si, dans certains cas, des phénomènes de latence verbale intuitive ne précèdent pas et ne sont pas sous-jacents même à une telle connaissance consciente. La prise de conscience de la structure peut très bien surgir chez l'auteur après coup, ou ne jamais surgir du tout. L'échange de vues bien connu entre Gœthe et Schiller ne peut pas être mis de côté dogmatiquement. D'après l'expérience *(Erfahrung)* de Schiller, qu'il décrit lui-même dans sa lettre du 27 mars 1801, le poète commence *nur mit dem Bewusstlosen.* Dans sa réponse du 3 avril, Gœthe dit qu'il va même plus loin *(ich gehe noch weiter).* Il affirme que la création authentique d'un poète authentique *unbewusst geschehe*, alors que tout ce qui est fait rationnellement *nach gepflogner Überlegung* arrive *nur so nebenbei.* Gœthe ne croit pas que les réflexions supplémentaires d'un poète soient capables de corriger ni d'améliorer son œuvre.

Vélimir Khlebnikov (1885-1922), le grand poète russe de ce siècle, alors qu'il se rappelait, des années après, son bref poème *la Cigale*, composé autour de 1908, se rendit subitement compte que, dans la première phrase — *ot tochki do tochki*, « entre deux pauses principales » — chacun des sons *k*, *r*, *l*, et *u*, apparaît cinq fois « indépendamment de toute volonté de la part de celui qui écrivit ce non-sens » *(pomimo zhelanija napisavshego ètot vzdor)*, comme il le confesse lui-même dans ses essais de 1912-1913, rejoignant ainsi tous les poètes qui ont reconnu qu'un mécanisme linguistique complexe peut être inhérent dans leur œuvre indépendamment de leur appréhension ou de leur volonté *(que le versificateur... le veuille ou non)* ou — pour se référer au témoignage de William Blake — « sans Préméditation et même contre ma Volonté ». Pourtant, même dans ses réflexions ultérieures, Khlebnikov ne réussit pas à reconnaître le champ beaucoup plus vaste de ces récurrences phonologiques régulières. En fait, toutes les consonnes et voyelles qui appartiennent au thème trisyllabique du pittoresque néologisme initial, *krylyshkúja*, dérivé de *krýlyshko* « petite aile », présentent la même « structuration quintuple », de sorte que la phrase, divisée par le poète, tantôt en trois, tantôt en quatre vers, comprend cinq /k/, cinq vibrantes /r/ et /r'/, cinq /l/, cinq continues chuintantes (/zh/, /sh/) et cinq continues sifflantes (/z/, /s'/), cinq /u/, et, pour chacune des deux propositions, cinq /i/, dans les deux variantes contextuelles, antérieure et postérieure, de ce phonème :

Krylyshkúja zolotopis'móm tonchajshikh zhíl,
Kuznéchik v kúzov púza ulozhíl
Pribrézhnykh mnógo tráv i vér.

(en particulier *Sobranie proizvedenij V. Khlebnikova*, V, p. 191 [a]).

a. Voici la traduction que donne Luda Schnitzer de ces vers (V. Khlebnikov, *Choix de poèmes*, 1967) :

Aileillant de l'écridorure des plus ténues veinules
le grillon entasse dans la caisse de la panse
quantité d'herbes et de roseaux riverains.

Dans ce tercet, présentant une continuité de 16 pieds doubles, principalement trochaïques, chaque vers comporte quatre syllabes accentuées. Sur les phonèmes accentués, cinq voyelles bémolisées (arrondies), trois /ú/ et deux /ó/, s'opposent à leurs cinq corrélats non-bémolisés (non-arrondis), deux /í/ et trois /é/; d'autre part, ces dix phonèmes non-compacts sont divisés en cinq voyelles diffuses (fermées), trois /ú/ et deux /í/, et en leurs corrélats, cinq phonèmes non-diffus (médians), deux /ó/ et trois /é/. Les deux /á/ compacts occupent la même position, la seconde à partir de la fin parmi les voyelles accentuées, dans les premier et quatrième vers, et ils sont tous deux précédés d'un /ó/ : *pis'mÓm tonchÁjshikh* — *mnÓgo trÁv*. Les cinq oxytons du tercet, se terminant tous sur une syllabe fermée, complètent la structure « pentamérique ».

La chaîne de quintuplets qui domine la structuration phonologique de ce passage ne peut être ni fortuite ni poétiquement insignifiante. Ce n'est pas seulement le poète, originellement inconscient de cet artifice [*contrivance*] sous-jacent, mais c'est aussi le lecteur sensible qui perçoit l'intégrité étonnante des vers cités, sans avoir à mettre au jour leurs fondations.

Discutant des exemples de « discours autonomes » *(samovitaja rech')* qui montrent une prédilection pour une « structure à cinq rayons » *(pjatiluchevoe stroenie)*, Khlebnikov détecta cette tendance dans la phrase capitale de son poème de jeunesse *la Cigale* — qui, notons-le, fut écrite à la même époque que les études hardies de Saussure sur les anagrammes poétiques — mais il ne fit pas attention au rôle de guide joué de ce point de vue par le gérondif *Krylyshkúja*, le néologisme initial du poème. C'est seulement quand il revint sur les mêmes vers dans un essai plus tardif (1914) que l'auteur fut charmé par l'anagramme caché dans ce gérondif : d'après Khlebnikov, le mot *ushkúj* (« navire pirate », métonymiquement « pirate ») se tient dans le poème « comme dans le cheval de Troie » : KRYL*y*SHKUJA [aileillant].

*s*KRYL *u*SHKÚJA *derevjánni*yi *kón'* [le cheval de bois a caché le pirate]. Le héros apparaissant dans le titre KUzN*éch*IK, à son tour, est associé par paronomase avec *ush*KÚ*j*NIK « pirate », et la désignation dialectale de la cigale, *konjók*, doit avoir soutenu l'analogie de Khlebnikov avec le cheval de Troie. Les liens vivants de mots apparentés *kuznéchik*, littéralement « petit forgeron », *kuznéc* « forgeron », *kózni* « machinations », *kovát'*, *kujú* « forger », et *kovarnyi* « perfide », renforcent l'imagerie, et l'étymologie poétique, une des sources latentes de la création de Khlebnikov, rattache *kuznéchik* à *kúzov* « panier, vide », rempli de quantité d'herbes et de roseaux riverains ou peut-être de divers intrus étrangers. Le cygne évoqué dans le néologisme qui conclut le même poème, « *Ó lebedìvo — Ó ozarí!* », « envoie la lumière! » semble une indication supplémentaire de l'origine homérique de son imagerie ambiguë : une prière au cygne divin qui engendra Hélène de Troie. *Lebed-ívo* est modelé sur *ogn-ívo* [briquet], la métamorphose de Zeus en un cygne flamboyant appelant à l'esprit le changement du silex en feu. La forme *ljubedi* qui apparaît dans la première esquisse de *la Cigale* était un mot-valise suggestif de *lébedi* « cygnes » avec la racine *ljub-* « amour », qui est une racine favorite dans les mots forgés par Khlebnikov. *Krylyshkúja*, le mot clé du poème, a dû en inspirer spontanément, « par pure folie » *(v chistom nerazumii)*, et en diriger entièrement toute la composition.

Le métalangage du poète peut rester très en retard sur son langage poétique, ce que prouve Khlebnikov, non seulement par les lacunes importantes qui restent dans ses observations sur la structure « quintuplée » du tercet discuté, mais plus encore quand, dans la phrase suivante du même essai, il déplore le manque d'un arrangement semblable dans son quatrain militant — *Búd'te grózny kak* O*str*Á*nica*, // P*l*Á*tov i* B*akl*Á*nov*, // P*ólno vam kl*Á*njat'sja* // R*ozhe basurm*Á*nov* — perdant ainsi de vue les cinq quintuplets qu'on y trouve : cinq *a* accentués; cinq voyelles bémolisées (arrondies), /ó/, /ú/, et /u/ non-accentué; cinq occlusives labiales, initiales toutes les cinq, /b/, /p/; cinq occlusives vélaires, /g/, /k/; cinq occlusives dentales, /t/, /t'/; cinq sibilantes sifflantes, /z/, /s/, /c/. Ainsi, près de la moitié de cette séquence de phonèmes participe de la structure « à cinq rayons »; en plus des voyelles et des obstruantes citées, les sonnantes linguales présentent une symétrie ciselée — /r n r n' // l l n // l n l n' // r r n/ — et toutes les sonnantes du quatrain sont divisées également en huit liquides et huit nasales.

Dans la préface de 1919 à son projet d'Œuvres complètes, Khlebnikov voyait le bref « Cigale » comme une « entrée menue du dieu du feu » *(malyj vykhod boga ognja)*. Le vers se trouvant entre le tercet initial et la prière finale, *Pín'-pín'tararákhnul* (originellement *Tararapín'pín'knul) zinzivér*, étonne par la combinaison du violent coup de tonnerre de *tararakh* avec le faible pépiement de *pin'* et par l'assignement de cet oxymoron au sujet *zinzivér* qui, comme d'autres variantes dialectales *zenzevér*, *zenzevél'*, *zenzevéj*, est un mot d'emprunt apparenté à l'anglais *ginger* [au français *gingembre*], mais signifiant « guimauve » en russe. Incité par la double lecture que Khlebnikov donne de *krylyshkúja*, on pourrait soupçonner une pareille association paronomastique entre *zinzivér* et le tonnant *Zevés* « Zeus » : /Z'INZ'IVÉR/ — /Z'IVÉS/.

Quand Khlebnikov observa et étudia les fréquentes répétitions quintuples de sons en poésie, particulièrement dans les variétés libres, transmentales [*zaumnye*], ce phénomène l'amena à faire des comparaisons avec les cinq doigts ou les cinq orteils, ou avec la disposition semblable des étoiles de mer et des alvéoles d'abeilles. Combien le regretté poète, l'éternel chercheur d'analogies imprévues n'aurait-il pas été fasciné d'apprendre que la question troublante de la prévalence des symétries à cinq éléments dans les fleurs et les extrémités humaines a donné naissance à des discussions scientifiques récentes, et que, d'après l'article de synthèse de Victor Weisskopf — « The role of symmetry in nuclear, atomic, and complex structures » *(Contribution au Symposium Nobel*, 26 août 1968*)* — « une étude statistique des formes des bulles dans l'écume a révelé que les polygones qui sont formés sur chaque bulle par les lignes de contact avec les bulles adjacentes, sont principalement des pentagones et des hexagones. En fait, le nombre moyen des angles de ces polygones est de 5.17. Un assemblage de cellules devrait avoir une structure similaire et il est suggestif que les points de contact peuvent donner naissance à des processus de croissance spéciaux qui peuvent refléter la symétrie de l'arrangement de ces points ».

Le folklore nous fournit des exemples particulièrement éloquents de structures verbales lourdement chargées et hautement efficaces, en dépit de son indépendance habituelle de tout contrôle de la part du raisonnement abstrait. Même des constituants aussi obligatoires que le nombre de syllabes dans un vers syllabique, la position constante de la césure, ou la distribution régulière des traits prosodiques ne sont pas induits ni reconnus en soi par le porteur de la tradition orale. Quand celui-ci, narrateur ou auditeur, est mis en présence de deux versions d'un vers, dont l'une viole les contraintes métriques, il est capable de signaler la variante déviante comme moins convenable ou même totalement inacceptable, mais d'habitude il se montre incapable de définir la nature d'une déviation donnée.

Quelques spécimens choisis parmi les formes brèves du folklore russe présentent des figures phoniques et grammaticales serrées, étroitement unies à une méthode de structuration décidément subliminale.

> Shlá sv'in'já iz Pítera,
> vsjá spiná istýkana.
>
> Un cochon venait de St-Pétersbourg,
> avec son dos tout percé.

La réponse à cette devinette folklorique est *Napjórstok* « dé »; elle est suggérée par des indices sémantiques évidents : ce genre d'article vient à la campagne de la métropole industrielle et a une surface rugueuse, comme la peau d'un cochon, et trouée. Une stricte symétrie phonologique relie les deux vers heptasyllabes : la distribution des frontières de mots et des accents est exactement la même (—/∪—/∪—∪∪); six des sept voyelles successives sont identiques (/á i á i í.a/); à part la glide /j/ dans /sv'injá/, le nombre de phonèmes consonantiques devant chacune des sept voyelles est égal dans les deux séquences (2. 2. 1..2. 1. 1.), avec de nombreux traits partagés par les segments parallèles : les continues préconsonantiques initiales /s/ et /v/; deux paires de /s/ préconsonantiques (/sv'i/ — /sp'í/ et /sp'i/ — /stí/); deux paires d'occlusives non-voisées autour de /i/ (/p'ít'/ — /tík/); deux sonantes, /r/ et /n/, devant la finale /a/. Il y a des correspondances grammaticales : les féminins *shlá* — *vsjá*; les noms féminins sujets, *svin'já* — *spiná*; la préposition et le préfixe *iz*. Les groupes consonantiques initiaux des deux sujets allitérants sont répétés dans l'autre vers : /sp'/ dans *spiná* et *iz Pítera* et /sv'/ — /vs'/ dans *svin'já et vsjá* avec métathèse des consonnes et maintien de la palatalisation de la deuxième consonne, la prévocalique.

Le mot-réponse est présent sous forme anagrammatique dans le texte de la devinette. Chaque hémistiche du second vers se termine sur une syllabe semblable au préfixe /na-/ de la réponse : /spi'iná et /istikána/. La racine /p'órst-/ et le dernier hémistiche du premier vers de la devinette /isp'it'íra/ présentent un ensemble équivalent de consonnes en ordre inversé : A) 1 2 3 4; B) 3 1 4 2 (les deux premiers phonèmes de l'ensemble A correspondent aux phonèmes pairs de l'ensemble B et les deux derniers phonèmes de A correspondent aux phonèmes impairs de B). Le dernier hémistiche de la devinette /istikana/ fait écho à la séquence consonantique contenue dans la syllabe finale de la réponse /-stak/. Évidemment, *Piter* a été choisi, parmi les autres noms de villes appropriés, précisément pour sa valeur anagrammatique. De semblables anagrammes sont familiers aux devinettes populaires; cf. *chjórnyj kón' // prýgaet v ogón'* « le cheval noir saute dans le feu » : comme O. M. Brik l'a indiqué dans son essai historique sur la texture phonique de la poésie russe, les trois syllabes de la réponse *kochergá* « tisonnier » apparaissent toutes, compte tenu bien entendu des alternances automatiques des variétés accentuées /kó/, /chór/, /gá/ et de leurs corrélats inaccentués. De plus, les phonèmes prévocaliques des quatre syllabes accentuées de la devinette suggèrent les quatre phonèmes consonantiques de la réponse : /chó/ — /kó/ — /rí/ — /gó/.

La dense texture phonologique et grammaticale des devinettes populaires est, en général, très impressionnante. Deux trisyllabes grammaticalement et prosodiquement paralléles et rimant (— /∪ —) — *kón' stal'nój, // khvóst l'njanój* « un cheval d'acier, une queue de lin » (= une aiguille avec du fil) — comptent chacun trois voyelles identiques /ó a ó/ au moins dans cette variété prépondérante du russe qui conserve le /a/ prétonique dans des formes telles que /l'n'anój/; dans les autres dialectes l'équivalence des deux voyelles inaccentuées est maintenue seulement au niveau morphophonématique. Les deux vers commencent par une vélaire non-voisée. L'intervalle entre les deux voyelles accentuées est rempli dans chaque vers par cinq phonèmes consonantiques identiques : /n'st.l'n/ (1 2 3 . 4 5) — /stl'n'.n/ (2 3 4 1 . 5). La position de /n'/ crée la seule différence séquentielle entre les deux séries. Un trait syntaxique fréquent dans les devinettes et les proverbes russes est l'absence de verbes, absence qui efface la différence entre les adjectifs prédicatifs à copule zéro et les épithètes.

Une autre devinette sur le même thème et jouant sur le même contraste entre le corps et la queue de l'animal présente deux paires de dissyllabes rimant — *Zverók s vershók, // a khvóst sem' vjórst* « une petite bête longue de deux pouces avec une queue de sept verstes ». Ces quatre colons varient une séquence de /v/ ou /v'/ plus /o/ ou un /e/ inaccentué et un /r/ postvocalique après un /v'/ prévocalique; sous l'accent cette série se conclut par le groupe consonantique /st/, tandis que dans une syllabe inaccentuée elle commence par une consonne sifflante : /zv'er/ — /sv'er/ — /vost/ — /v'orst/.

Toutes ces énigmes remplacent le nom inanimé de la réponse par un nom animé du genre opposé : masc. *napjórstok* « dé » par fém. *svin'já* « cochon », et inversement, fém. *iglá* « aiguille » par masc. *kón'* « cheval » ou *zverók* « petite bête » et, de même, fém. *nít'* « fil » par masc. *khvóst* « queue », synecdoque d'un être animé. Cf., par exemple, fém. *grúd'* « sein » représenté par *lébed'*, « cygne », animé de genre masculin, au début de la devinette — *Bélyj lébed' na bljúde né byl* « le cygne blanc n'était pas sur un plat » — avec commutation systématique des /b/ et des /l/ palatalisés et non-palatalisés : /b' . l./ — /l'.b'.d'/ — /n. bl'. d'./ — /n'.b.l/. Dans cette séquence les douze occurrences des quatre constituants consonantiques présentent toutes un réseau de relations symétriques : six (4 + 2) occurrences de deux sonnantes et six (4 + 2) de deux obstruantes; trois de ces quatre archiphonèmes apparaissent chacun dans le même nombre de variétés palatalisées et non-palatalisées : 2 /l'/ et 2 /l/;

1 /n'/ et 1 /n/; 2 /b'/ et 2 /b/, tandis que l'occlusive aiguë (dentale) n'apparaît que dans sa variété palatalisée — une fois voisée /d'/ et une fois avec une perte contextuelle de son voisement morphophonématique *(lébed')*.

Aucun de ceux qui proposent ou devinent une énigme n'identifient des procédés tels que, dans la devinette du tisonnier, la présence des trois syllabes de la réponse dans les trois mots initiaux de la devinette, ou le rythme binaire, avec deux accents frontières dans chaque vers du distique, ou encore les trois /o/ suivis de trois nasales dentales (1 2 4), ainsi que la consonne vélaire prévocalique dans chacun des trois mots terminaux (2 3 4). Mais chacun sentirait que le remplacement de *chjórnyj kón'* par son synonyme *vóron kón'* ou par *zheléznyj kón'* « cheval de fer » ne fait qu'affaiblir la vigueur épigrammatique de cette petite pièce poétique. Une apparence de symétries prosodiques, de répétitions de sons, et un substrat verbal — *les mots sous les mots*, selon l'expression heureuse de Jean Starobinski — affleurent sans avoir à être soutenus par une quelconque conception spéculative des méthodes de procédure en jeu.

Les proverbes rivalisent avec les énigmes par leur concision mordante et leur qualité verbale : *Serebró v bórodu, bés v rebró* « [Quand] l'argent (métaphore des cheveux gris devenue métonymie de la vieillesse) [entre] dans la barbe, un diable (la concupiscence) [entre] dans la côte (allusion à la connexion biblique entre la côte d'Adam et l'apparition de la femme) ». Les deux paires nominales forment un tenace parallélisme grammatical : des cas correspondants dans des fonctions syntaxiques semblables. Sur ce fond commun, les genres contrastés deviennent particulièrement frappants : le masculin animé *bés* en face du neutre inanimé *serebró*, et, d'autre part, le neutre inanimé *rebró* en face du féminin inanimé *bórodu*, et ces genres entrent en une baroque collision avec la connotation virile de *bórodu* et le symbolisme féminin de *bés*. L'adage tout entier constitue une chaîne paronomastique ; cf. la rime entre les mots *serebró — rebró*, dont le deuxième est entièrement contenu dans le premier ; toute la permutation de phonèmes semblables qui relie le début du proverbe *serebró v* à la fin *bés v rebró* ; dans la proposition initiale la correspondance entre la fin du premier mot et le début du second : *serebró — bórodu*. La forme prosodique exquise du proverbe est basée sur un double contraste entre les deux propositions : la première flanque deux syllabes accentuées contiguës de deux paires de syllabes inaccentuées, tandis que la seconde flanque une seule syllabe inaccentuée de deux uniques syllabes accentuées, exhibant ainsi un sous-multiple antisymétrique de la première proposition. La présence de deux accents est la constante métrique des deux propositions :

∪ ∪ — — ∪ ∪
— ∪ —

L'anthropologue polonais K. Moszyński, dans son *Kultura ludowa Slowian*, t. II, deuxième partie (Cracovie, 1939), p. 1384, admire « la grande condensation formelle » du proverbe humoristique russe :

$_1$Tabák da bánja,	$_1$Tabac et bain,
$_2$kabák da bába —	$_2$bistro et femme —
$_3$odná zabáva.	$_3$le seul plaisir.

(Si, toutefois, on a un accent plus fort sur *odná* ou sur *zabáva* plutôt que d'avoir deux accents égaux sur les deux mots du dernier vers, alors le sens de ce vers est « même plaisir » dans le premier cas, et « rien que du plaisir » dans le second.)

Une cohésion rigoureuse de tout le tercet est obtenue grâce à divers moyens. Le schéma rythmique tout à fait uniforme. trois fois ∪—/∪—∪, porte sur cinq /a/ alternativement accentués et inaccentués (noter le vocalisme de la Russie du Sud /adná/!). Le début des trois vers diffère de toutes les syllabes suivantes : le dernier vers commence par une voyelle, tandis que les quatorze autres voyelles du tercet sont précédées par une consonne; les deux premiers vers commencent par des consonnes non-voisées qui se révèlent être les seuls segments non-voisés sur les 32 phonèmes du proverbe (noter le voisement régulier de /k/ devant /d/!). Sur 17 consonnes, il n'y a que deux continues, qui apparaissent dans les syllabes inaccentuées du nom prédicatif terminal. L'inventaire grammatical restreint de cette œuvrette, limité à cinq noms et un pronom, tous les six au nominatif, plus une conjonction réitérée, est un exemple frappant du style syntaxique élaboré propre aux proverbes et qui avait été entrevu dans la perspicace esquisse de P. Glagolevskij « Syntaksis jazykarussk ikh poslovic », *Zhurnal Ministerstva Narodnogo Prosveshchenija* (1871) — mais n'a plus jamais été étudié de près depuis. Le vers central comporte les deux noms culminants — d'abord *kabák*, qui est intrinsèquement un palindrome, et ensuite *bába*, avec sa syllabe redoublée */ba/; kabák* rime avec l'antécédent *tabák*, tandis que *bába* forme une rime approximative avec le *zabáva* final, tout en partageant le /bá/ avec tous les noms du proverbe : cinq /bá/ en tout. Des réitérations et de légères variations des autres consonnes accompagnent la même voyelle tout le long du tercet :

$_1$/ta/ — /da/ — $_2$/da/ — $_3$/ad/ — /za/;
$_1$/ák/ — $_2$/ka/ — /ák/;
$_1$/n'a/ — $_3$/ná/.

Tous ces traits répétitifs, obsédants, lient ensemble les quatre types de plaisirs énumérés et donnent un cadre à la disposition en chiasme des deux paires : des outils du plaisir, *tabák* et *bába*, juxtaposés à des lieux du plaisir, *kabák* et *bánja.*

Le caractère métonymique de ces noms, substitués à des désignations directes du plaisir, est mis en relief par le voisinage contrastif, à l'intérieur d'un même vers, de termes locatifs et instrumentaux, lequel est, de plus, souligné par la dissimilarité des oxytons masculins et des paroxytons féminins.

Tout en restant distinctes des brefs dictons par le choix des procédés, les chansons populaires, à leur tour, révèlent une structure verbale subtile et variée. Deux quatrains d'une chanson populaire polonaise sont un exemple approprié :

$_1$Ty pójdziesz górą	$_1$Tu iras le long de la colline
$_2$a ja doliną,	$_2$et moi le long de la vallée
$_3$ty zakwitniesz różą	$_3$tu fleuriras comme une rose
$_4$a ja kalinżą.	$_4$et moi comme un obier.
$_5$Ty będziesz panią	$_5$Tu seras une dame
$_6$we wielkim dworze,	$_6$à une grande cour,
$_7$a ja zakonnikiem	$_7$et moi un moine
$_8$w ciemnym klasztorze.	$_8$dans un sombre monastère.

Si on exclut le troisième vers des quatrains, qui est hexasyllabe, tous les vers comptent cinq syllabes, et les vers pairs riment entre eux. Les deux strophes révèlent une rigoureuse sélection des catégories grammaticales utilisées. Chaque vers se termine par un nom à un cas marginal, instrumental ou locatif, et ce sont les seuls noms du texte. Chacun des deux seuls pronoms utilisés, l'un de la seconde et l'autre de la première personne, apparaît trois fois et, en opposition avec les cas marginaux et la position finale des noms, tous ces pronoms sont au nominatif et tous apparaissent au début du vers : *ty* « tu » dans la première syllabe des vers impairs 1 — 3 — 5, et *ja* « je, moi », précédé régulièrement par la conjonction adversative *a*, dans la seconde syllabe des vers 2 — 4 — 7. Les trois verbes, tous les trois à la seconde personne du singulier du présent perfectif à sens futur, suivent immédiatement le pronom *ty*, tandis que les formes verbales correspondantes de la première personne après le pronom *ja* sont effacées par ellipse. En plus des huit noms (six à l'instrumental et deux au locatif), des six occurrences des pronoms personnels au nominatif, des trois verbes finis, et de la conjonction trois fois répétée *a*, le texte du second quatrain contient deux variantes contextuelles de la préposition « dans » ($_6$*we*, $_8$*w)* et deux adjectifs épithètes des deux formes locatives des noms.

Un parallélisme antithétique est sous-jacent aux trois paires de propositions : les vers 1 — 2 et 3 — 4 dans la première strophe, et les deux couplets dans la deuxième strophe. Ces trois paires, à leur tour, sont reliées par un étroit parallélisme formel et sémantique. Toutes les trois, ces antithèses confrontent les destinées hautes et brillantes auxquelles est promis le destinataire aux perspectives plus sombres qui attendent le destinateur; elles emploient d'abord l'opposition symbolique de la colline et de la vallée, et ensuite le contraste métaphorique de la rose et de l'obier. Dans l'imagerie traditionnelle du folklore des Slaves occidentaux, *kalina* (dont le nom remonte au slave commun *kalŭ* « boue ») est ostensiblement lié aux régions marécageuses; cf. le préambule d'une chanson populaire polonaise : « *Czego, kalino, v dole stoisz? // Czy ty się letniej suszy boisz?* » « Pourquoi, obier, te tiens-tu dans la vallée? As-tu peur de la sécheresse d'été? » Un chant morave apparenté fournit le même motif d'abondantes figures de sons : *proč, kalino, v* STrUZE STOJÍŠ? *Snad se* TUZE SU*cha b*OJÍŠ? « Pourquoi, obier, te tiens-tu dans le courant? As-tu tellement peur de la sécheresse? » La troisième antithèse prédit un haut statut au destinataire et un avenir sombre au destinateur; en même temps, les noms personnels aux genres féminin et masculin annoncent le sexe des deux personnages. L'instrumental, utilisé systématiquement en opposition aux nominatifs invariables *ty* et *ja*, présente tous ces noms contrastés comme de simples contingences qui sépareront les deux victimes infortunées jusqu'à ce que, reposant dans un même tombeau, elles évoquent ensemble leur « amour disjoint » *(niezłączona miłość)*.

Les trois paires de propositions antithétiques, avec leurs instrumentaux finaux, forment ensemble un triple parallélisme de constructions grammaticales vastes et complexes, et, sur le fond de leurs constituants congruents, la dissimilarité fonctionnelle significative des trois instrumentaux apparaît en pleine lumière. Dans le premier couplet, les instrumentaux dits d'itinéraire — *góra* et *dolina* — assurent la fonction d'adjoints adverbiaux; dans le deuxième couplet, les instrumentaux de comparaison — *róza* et *kalina* — jouent le rôle de prédicatifs accessoires, tandis que dans le second quatrain les instrumentaux *panią* et *zakonnikiem*, combinés à la copule *będziesz* et au *będę* omis elliptiquement, forment de vrais prédicats. L'importance de ce cas augmente progressivement selon que, partis des deux niveaux de pérégrination métaphorique, en passant par la comparaison des deux personnes avec des fleurs de qualité et d'altitude différentes, on en arrive finalement à placer les deux héros sur deux échelons distants de l'échelle sociale. Cependant, l'instrumental, dans ces trois différentes applications, conserve son trait sémantique constant de pure marginalité et devient particulièrement palpable par contraste avec les variations contextuelles produites. Le médium à travers lequel se meut l'agent est défini comme instrumental d'itinéraire; l'instrumental de comparaison confine la validité de la comparaison à une seule manifestation des sujets, à savoir leur floraison dans le contexte cité. Finalement, l'instrumental prédicatif tient compte d'un unique aspect, supposé temporel, assumé par le sujet; il anticipe la possibilité d'un aspect ultérieur, quoiqu'il s'agisse ici d'un changement posthume qui réunira les amants séparés. La dernière paire d'instrumentaux dépouillant ce cas de toute connotation adverbiale, les couplets de la seconde strophe fournissent tous deux au prédicat composé un nouvel adjoint adverbial, à savoir deux locatifs d'habitation, limitatifs et statiques — *we wielkim dworze* et *w ciemnym klasztorze* — qui apparaissent en contraste manifeste avec les instrumentaux dynamiques d'itinéraire évoqués dans le couplet initial.

Le lien étroit entre les deux premiers des trois parallélismes est marqué par l'assonance supplémentaire des vers 1 et 3 *(górą — rózą)*, fidèle au schéma polonais traditionnel des rimes partielles, c'est-à-dire de rimes juxtaposant des obstruantes voisées à des sonantes, et spécialement /ż/ à /r/, eu égard aux alternances de ce dernier phonème avec/ż/ < /ř/. Les deux derniers parallélismes commencent et se terminent par des groupes correspondants de phonèmes : $_{3}$/zakv'itn'eš/ — $_{7}$/zakon'ik'em/, et, avec une métathèse : $_{4}$*kaliną* /kal/ — $_{8}$*klasztorze* /kla/ (cf. aussi la correspondance entre $_{6}$*wielkim* /lkim/ et $_{8}$*ciemnym klasztorze* /imkl/.)

Les vers consacrés à la triste destinée de la première personne diffèrent nettement de leurs allègres contreparts. Sous l'accent de mot les instrumentaux comportent une voyelle postérieure ($_{1}$, $_{3}$/u/, $_{5}$/a/) dans les vers qui concernent le destinataire, mais présentent seulement des /i/ dans les vers traitant du destinateur apparemment désavantagé et déprécié: *dolina*, *kalina*, *zakonnikiem*. Les noms assignés à la fille sont tous les quatre dissyllabiques — *góra*, *różą*, *panią*, *dworze* — en contraste avec les noms plus longs et volumineux des vers autobiographiques — *doliną*, *kaliną*, *zakonnikiem*, *klasztorze*. Ainsi, les vers à la seconde personne ont une césure avant la pénultième qui manque aux vers à la première personne.

La phonologie de la grammaire de la poésie orale offre un système de correspondances complexes et élaborées qui naissent, prennent effet et sont transmises de génération en génération sans que quiconque ait conscience des règles qui gouvernent ce réseau compliqué. La capacité à saisir immédiatement et spontanément les effets sans dégager rationnellement les processus par lesquels ils sont produits n'est pas confinée à la tradition orale et à ceux qui la transmettent. L'intuition peut jouer comme le principal et même, souvent, comme le seul élément créateur des structures phonologiques et grammaticales compliquées dans les écrits des poètes individuels. De telles structures, particulièrement puissantes au niveau subliminal, peuvent fonctionner sans assistance aucune du jugement logique ou de la connaissance patente, aussi bien dans le travail créateur du poète que dans sa perception par le lecteur sensible, ou *Autorenleser*, pour reprendre le juste néologisme de ce courageux investigateur des structures phoniques en poésie, Eduard Sievers.

Traduit de l'anglais par
Nicolas Ruwet

Sur l'art verbal des poètes-peintres Blake, Rousseau et Klee[a]

A Meyer Schapiro

I. UN DES CHANTS D'EXPÉRIENCE

> Pas une ligne n'est tracée sans intention... si poésie n'admet nulle Lettre qui soit Insignifiante ainsi Peinture n'admet nul Grain de Sable ou Brin d'Herbe Insignifiant et moins encore quelque Insignifiante Tache ou Marque.
>
> W. Blake, *Vision du Jugement Dernier*.

INFANT SORROW

$_{1}$My mother groand! my father wept.
$_{2}$Into the dangerous world I leapt :
$_{3}$Helpless, naked, piping loud :
$_{4}$Like a fiend hid in a cloud.

$_{5}$Struggling in my fathers hands :
$_{6}$Striving against my swadling bands :
$_{7}$Bound and weary I thought best
$_{8}$To sulk upon my mothers breast.

Traduction littérale

$_{1}$Ma mère gémit! mon père pleura.
$_{2}$Dans le monde dangereux je bondis :

a. « On the verbal art of William Blake and other poet-painters », *Linguistic Inquiry*, I, 1970, 1, p. 3-23.

$_3$Impuissant, nu, criaillant fort :
$_4$Comme un démon caché dans un nuage.

$_5$Luttant dans les mains de mon père :
$_6$Me débattant contre mes langes :
$_7$Lié et las je trouvai mieux
$_8$De bouder sur le sein de ma mère.

L'orthographe et la ponctuation de ces vers suivent strictement le texte *gravé* par William Blake (illustration page 137) dans ses *Songs of Experience* (1794), texte qui se retrouve identique dans les exemplaires anciens des Bibliothèques Houghton et Widener de Harvard University, comme dans l'édition fac-similé des *Songs of Innocence and of Experience* publiée par Trianon Press à Londres et à Beccles (s.a.).

Les deux quatrains du poème apparaissent nettement divisés en quatre distiques. Plus particulièrement, les deux vers de chaque distique sont liés par une rime dont la structure diffère selon que le distique occupe un rang impair ou pair. Dans les distiques impairs, les mots rimants appartiennent à la même catégorie morphologique, se terminent par le même suffixe consonantique inflectionnel et ne s'accordent pas par leurs problèmes prévocaliques : $_1$w*ep-t* : $_2$l*eap-t*, $_5$h*and-s* : $_6$b*and-s*. Cette construction formelle des rimes impaires souligne par sa similitude l'orientation sémantique divergente des deux quatrains, et notamment le contraste conceptuel entre les prétérits initiaux et les inanimés qui dominent le second quatrain et qui représentent, *nota bene*, les seuls pluriels du poème. La rime grammaticale se trouve ici combinée à un profond parallélisme des vers liés par la rime. Le troisième distique est composé de deux propositions strictement symétriques : $_5$*Struggling in my fathers hands* : $_6$*Striving against my swadling bands*. Dans le premier, les deux propositions coordonnées du vers initial, seuls hémistiches parallèles de tout le poème — $_1$*My mother groand! my father wept* — trouvent leur écho dans la troisième : $_2$*I leapt*. Par contraste avec les distiques impairs, les rimes paires rapprochent des mots grammaticalement dissemblables : dans les deux cas, un adjectif rime avec un substantif inanimé, et la structure phonétique du premier apparaît tout entière incluse dans le second : $_3$*loud* : $_4$*cloud*, $_7$*best* : $_8$*breast*.

Ainsi, les rimes paires, non grammaticales par elles-mêmes, sont manifestement grammaticales dans leur juxtaposition. Plus précisément, elles affirment la parenté des deux images terminales — $_4$*a cloud* (un nuage), métaphore du placenta, et $_8$*breast* (sein) — deux liens successifs entre l'enfant et sa mère.

Les huit vers de ce poème construisent un réseau de correspondances grammaticales étroites et efficaces. Les quatre distiques de l'octastique peuvent se diviser en deux couples de trois manières différentes, qui correspondent aux trois types de rimes à l'intérieur d'un quatrain. Les deux couples de distiques successifs — les deux *antérieurs* (I-II) du premier quatrain (vers 1-4) et les deux *postérieurs* (III-IV) du second quatrain (vers 5-8) — sont comparables aux rimes « accouplées » (ou rimes « plates ») *aabb*. La relation entre les distiques *impairs* (I et III : vers 1-2 et 5-6) et *pairs* (II et IV : vers 3-4 et 7-8) est analogue à celle des rimes « alternées » *abab*. Enfin, l'opposition des distiques *extérieurs* (I et IV : vers 1-2 et 7-8) et *intérieurs* (II et III : vers 3-6) équivaut à celle des rimes « embrassées » *abba*. Ces trois types de correspondances grammaticales apparaissent distinctement en interrelation dans *Infant Sorrow*. Un isomérisme — nombre égal de composantes équivalentes — reste sous-jacent à la corrélation des distiques et présente deux variétés significatives. Une symétrie *globale* mettant en équation les deux distiques d'une classe et les deux de la classe opposée, à savoir I + II = III + IV ou I + III = II + IV ou I + IV = II + III, diffère d'une symétrie *sectionnelle* mettant en équation les distiques à l'intérieur de chacune des classes opposées, à savoir I = III et II = IV ou I = IV et II = III.

Ici, dans chaque cas de symétrie globale entre les distiques antérieurs et postérieurs, une des deux autres correspondances — extérieur/intérieur ou impair/pair — est également globale et supporte l'équilibre des quatrains : elle assigne la même somme d'unités grammaticales similaires aux deux couples d'opposés (c'est-à-dire aux couples entiers impairs et pairs ou extérieurs et intérieurs), alors que l'autre présente une symétrie sectionnelle et assigne un nombre analogue d'entités grammaticales similaires aux deux distiques d'un seul et même couple.

Outre le rôle structural essentiel qu'assument ainsi les distiques entiers, le rôle autonome de chaque vers dans le quatrain doit être pris aussi en considération. Par exemple, les deux vers extérieurs, marginaux de chaque quatrain comme de l'octastique entier révèlent des correspondances particulières.

En rappelant que l'Invention et l'Identité sont toutes deux « Objets d'Intuition », Blake nous fournit une clé essentielle à la compréhension du réseau poétique de ses vocables. Chacun des deux quatrains comprend cinq noms et cinq formes verbales. Ces cinq noms sont distribués d'une manière égale dans les quatre lignes de chaque strophe :

$_1$*mother, father*	=	2	=	$_5$*fathers hands*
$_2$*world*	=	1	=	$_6$*bands*
$_3$	=	∅	=	$_7$
$_4$*fiend, cloud*	=	2	=	$_8$*mothers breast*

Dans cette distribution des noms les trois corrélations structurelles des distiques se révèlent incluses.

I	3	3	III
II	2	2	IV

La symétrie globale entre les distiques antérieurs et postérieurs (I + II = III + IV = 5) s'accompagne d'une même symétrie globale entre les distiques extérieurs et intérieurs (I + IV = II + III = 5) et d'une symétrie sectionnelle entre les distiques impairs et pairs (I = III = 3; II = IV = 2). Cette symétrie sectionnelle n'est pas cantonnée aux distiques entiers; elle s'applique également aux vers qui les constituent : 1) dans les distiques impairs le premier vers comprend deux noms et le second n'en comprend qu'un, 2) dans les distiques pairs le premier vers ne comprend aucun nom et le second en comprend deux. Par là se trouve précisée l'homogénéité des distiques impairs et des pairs, leurs opposés, aussi bien que la différence entre ces deux classes. Quant aux vers marginaux des deux quatrains, ils diffèrent de tous les autres dans le poème : chacun d'eux comprend un couple de noms : $_1$*mother, father*; $_4$*fiend, cloud;* $_5$*fathers hands;* $_8$*mothers breast.*

Les dix noms du poème sont divisés en deux groupes égaux : cinq animés et cinq inanimés. Les premiers sont cantonnés dans les quatre vers marginaux des deux quatrains. La distribution de ces animés et inanimés dans les deux distiques antérieurs (premier quatrain) et postérieurs (second quatrain) comme, en outre, dans les extérieurs et intérieurs, obéit au principe de l'antisymétrie :

distiques	antérieurs	: 3 animés,	2 inanimés		
–	extérieurs	: 3	–	2	–
–	postérieurs	: 2	–	3	–
–	intérieurs	: 2	–	3	–

Un traitement spatial oppose ainsi, manifestement, inanimés et animés. Les inanimés restent constamment liés à des prépositions locatives, alors que, des cinq animés, quatre sont utilisés sans préposition et un avec une préposition équationnelle : $_4$*Like a fiend* [comme un démon].

Deux épithètes émergent du poème. Elles se rencontrent toutes deux au deuxième vers de chaque quatrain et relèvent de constructions syntaxiques semblables : $_2$*Into the dangerous world I leapt;* $_6$*Striving against my swadling bands*. Conjointement à tous les autres déterminants prépositifs — formes possessives des noms et pronoms, articles définis et indéfinis — elles accomplissent visiblement un dessein de symétrie. Ces déterminants, en effet, apparaissent deux fois dans chaque vers des deux quatrains, à l'exception des vers pénultièmes : $_1$*My, my;* $_2$*the dangerous*; $_3$ ∅ ; $_4$*a, a*; $_5$*my fathers*; $_6$*my swadling*; $_7$∅ ; $_8$*my mothers*. Six d'entre eux appartiennent au premier quatrain, six au second; parallèlement, le même nombre appartient aux distiques extérieurs et intérieurs. Les distiques impairs comptent quatre déterminants prépositifs (2 + 2) contre deux (2 + ∅) dans les distiques pairs.

Par comparaison avec les dix noms, les dix formes verbales présentent des similitudes et des divergences significatives dans leur distribution à travers les quatre distiques :

I	3	2	III
II	2	3	IV

Nous retrouvons ici la même symétrie globale entre les distiques antérieurs et postérieurs (I + II = III + IV = 5), mais le traitement des corrélations extérieur/intérieur et impair/pair apparaît diamétralement opposé dans les séries nominales et verbales. Dans celles-ci la distribution fait apparaître une symétrie globale entre les distiques impairs et pairs (I + III = II + IV = 5) et une symétrie sectionnelle dans les distiques extérieurs et intérieurs (I = IV = 3; II = III = 2). Cette symétrie s'applique et aux distiques et à chaque vers. Dans les distiques extérieurs le premier vers comprend deux formes verbales $_1$*groand*, *wept*; $_7$*bound*, *thought*) et le second une ($_2$*leapt; to sulk*) — dans les distiques intérieurs, chaque vers n'en comprend qu'une ($_3$*piping*, $_4$*hid*; $_5$*struggling*, $_6$*striving*).

On notera une différence sensible entre la symétrie globale des constituants extérieurs/intérieurs et celle des constituants impairs/pairs. La première suggère une figure close; la seconde, une chaîne ouverte à son extrémité. Le poème de Blake associe celle-là aux noms et celle-ci aux verbes, et il faudrait ici rappeler qu'Edward Sapir définissait sémantiquement les noms comme « existants » et les verbes comme « occurrents ».

Le participe passif apparaît une fois dans chaque distique pair ($_4$*hid*, $_7$*bound*). Aucun transitif ne se rencontre parmi les formes verbales actives. A la voix active le premier quatrain compte trois formes conjuguées et une non conjuguée alors que le second présente la relation antisymétrique d'une forme conjuguée et de trois non conjuguées. Les quatre formes conjuguées sont des prétérits. Un très net contraste se dessine entre les distiques intérieurs, où trois gérondifs constituent la seule forme verbale, et les extérieurs qui ne possèdent aucun gérondif mais comprennent cinq verbes proprement dits (quatre formes conjuguées et un infinitif). Dans les deux quatrains le distique intérieur est subordonné au vers contigu du distique extérieur : les vers 3 et 4 au deuxième vers de l'octastique, et les vers 5 et 6 au deuxième vers à partir de la fin.

Les prépositions, elles, font pendant aux verbes dans la symétrie globale de leur distribution. Des six prépositions du poème, trois appartiennent aux distiques antérieurs

($_{2}$*into*, $_{4}$*like*, *in*) trois aux postérieurs ($_{5}$*in*, $_{6}$*against*, $_{8}$*upon*), et parallèlement trois aux distiques impairs et trois aux pairs, alors que chaque distique extérieur en utilise une, et chaque intérieur, deux.

Cet impressionnant équilibre grammatical, entre les éléments corrélatifs du poème, en construit et en rehausse le développement dramatique. Les quatre seules propositions indépendantes, avec les quatre seuls prédicats conjugués et les quatre seuls sujets grammaticaux — deux pronominaux et deux nominaux — sont cantonnées dans les distiques extérieurs. Alors que la proposition pronominale, avec le sujet à la première personne, apparaît dans les deux quatrains — dans les vers contigus au premier et au dernier de l'octastique ($_{2}$*I leapt*; $_{7}$*I thought*) — les deux sujets nominaux détachent le premier vers du reste du poème, et Blake le termine justement par un point. L'*Infant* (le nouveau-né), héros du titre, et les deux autres *dramatis personae* sont présentés par rapport à l'émetteur du message : *I*, *my mother*, *my father*. Les deux noms, accompagnés de leurs déterminants, reparaissent dans le second quatrain, cependant, pour y subir une transformation syntaxique et sémantique révélatrice : les sujets grammaticaux se changent en compléments possessifs rattachés aux objets indirects, gouvernés à leur tour par une forme verbale subordonnée. Les deux éléments qu'unissait l'octosyllabe initial se sont disjoints. Le premier vers du second quatrain s'achève sur la même évocation paternelle qu'au vers correspondant du premier quatrain : $_{1}$*my father wept*; $_{5}$*my fathers hands*; mais la vision originelle du père en pleurs cède à la double image d'une lutte filiale contre les mains paternelles (*fathers hands*) et contre les langes étouffants (*swadling bands*), les forces hostiles qui guettent l'enfant dès qu'il bondit *into the dangerous world*.

Les premiers mots — $_{1}$*My mother* — reparaissent une fois à la fin — $_{8}$*my mothers breast* — et, comme le sujet *I* [je] des deuxième et septième vers, révèlent une symétrie en miroir. Le premier de ces deux pronoms est suivi d'un couple de semi-prédicats, $_3$*Helpless, naked,* alors que le second est précédé d'un couple syntaxiquement analogue : $_7$*Bound and weary.* La position et la structure chiasmique de ce couple préservent donc le principe de la symétrie spéculaire. Le participe *Bound* l'emporte sur son antonyme *naked,* et l'impuissance originelle tourne à l'épuisement. Les criailleries (*piping loud*) du nouveau-né, qui supplantaient le gémissement profond de la mère, cèdent devant un urgent besoin de silence : $_7$*I thought best* $_8$*To sulk upon my mothers breast.* Ainsi, l'exode hors de la mère présage le retour à elle, un nouvel asile, une nouvelle protection, un nouvel écran contre le monde ($_4$*hid in,* caché dans - $_8$*to sulk upon,* bouder sur).

Les brouillons d'un plus long poème de l'auteur (cf. Erdman, 1965, p. 719-721) ont été réduits à ces huit premières lignes dans les *Chants d'expérience.* La recherche sur la texture verbale de ces deux quatrains corrobore et renforce l'intuition finement exprimée par J. Bronowski (1965, p. 161) : « Toute la progression se love en puissance dans la faiblesse première. » L'examen de cet octastique, de sa ciselure comme de son extraordinaire charpente grammaticale, peut illustrer et préciser une autre conclusion pertinente de la même monographie : « L'imagination de Blake est celle d'un peintre, étonnante par sa profondeur géométrique » (p. 139).

A cet égard, il me semble opportun de réaffirmer l' « analogie remarquable entre *le rôle de la grammaire en poésie* et, chez le peintre, les règles de la composition fondées sur un ordre géométrique latent ou manifeste, ou au contraire sur une révolte contre tout agencement géométrique » (cf. Jakobson, 1968, p. 605 [ici même p. 101]). En particulier, les mots-directeurs, les propositions principales et les motifs saillants, qui remplissent ici les distiques extérieurs divergents, se détachent contre les contenus accessoires et subordonnés qui remplissent les distiques intérieurs contigus, à peu près comme les lignes convergent à l'arrière-plan d'une perspective picturale.

La géométrie relationnelle ferme et plastique de l'art verbal de Blake assure un dynamisme surprenant au développement du thème tragique. Les couples d'opérations *antisymétriques* soulignés ci-dessus et le contraste catégoriel des deux rimes grammaticales parallèles accentuent la tension entre la nativité et l'expérience du monde qui lui succède. En termes linguistiques, cette tension s'établit entre la suprématie initiale des sujets animés et des verbes d'action conjugués et la prévalence, qui suit, d'inanimés utilisés comme objets indirects de gérondifs, purs verbaux dérivés de verbes d'action et subordonnés à la seule forme conjuguée $_7$*thought* dans son sens rétréci de désir caché.

Quant à la ponctuation de Blake, sa particularité tient à l'usage des deux points. Dans *Infant Sorrow* ils signalent la division des distiques intérieurs en leurs vers constituants et dissocient ces distiques intérieurs des extérieurs. Chacun des vers intérieurs contenant une construction gérondive s'achève par deux points et est séparé par deux points de la proposition antécédente de la même phrase.

Le motif croissant de la lassitude, de la résignation s'incarne aussi, de façon saisissante, dans le cours rythmique du poème. L'octosyllabe initial est le plus symétrique des huit vers. Il consiste en deux propositions coordonnées tétrasyllabiques marquant entre elles une pause que le texte de Blake rend par un point d'exclamation. Une pause secondaire, facultative, s'insère entre le sujet et le prédicat des deux propositions juxtaposées. De ces pauses contrastées la dernière précède la syllabe finale du vers : $_1$*My mother groand! my father / wept*. Au vers suivant, qui conclut le

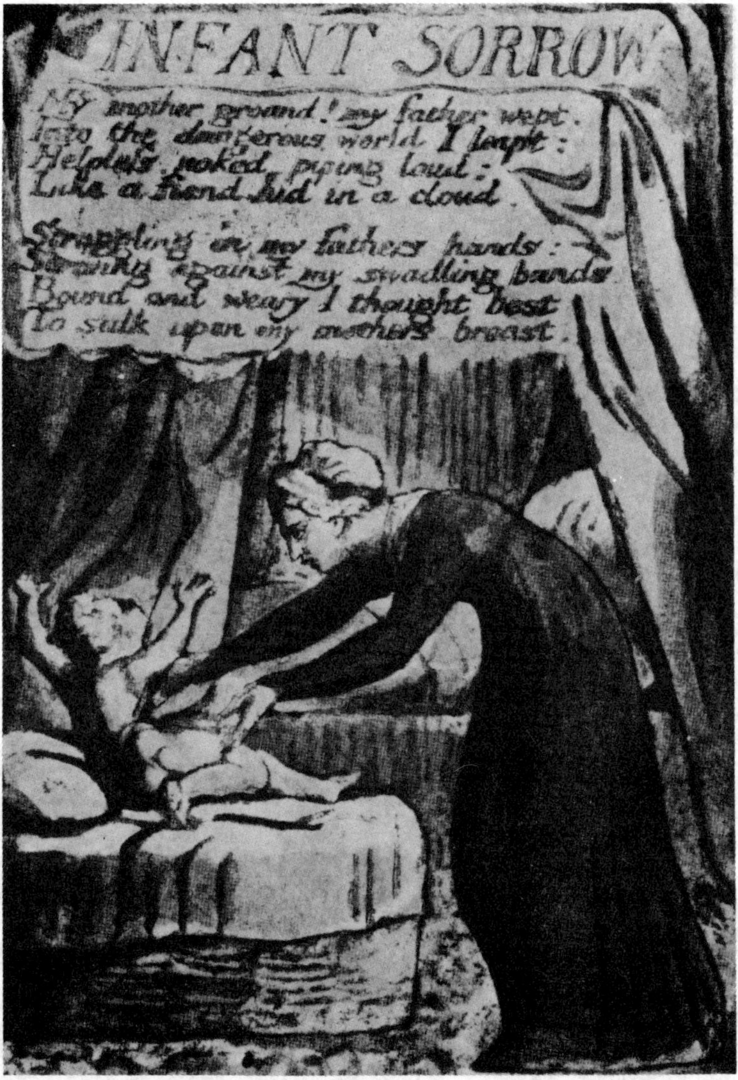
INFANT SORROW
My mother groand! my father wept.
Into the dangerous world I leapt:
Helpless, naked, piping loud:
Like a fiend hid in a cloud.
Struggling in my fathers hands:
Striving against my swadling bands:
Bound and weary I thought best
To sulk upon my mothers breast.

premier distique impair, la pause syntaxique intérieure se produit avant la syllabe pénultième (6 + 2), et à chaque vers l'intervalle entre la finale et cette pause interne devient d'une syllabe plus long, jusqu'à ce que le dernier vers du second distique impair fixe cette pause après la deuxième syllabe (2 + 6). Ainsi le balancement le plus large que prenne le vers ($_2$*Into the dangerous world / I leapt*) se change graduellement en l'espace le plus court, le plus restreint ($_6$*Striving / against my swadling bands*).

Chaque quatrain inclut deux octosyllabes ïambiques et deux heptasyllabes trochaïques. On observe la coupe ïambique dans les deux vers marginaux de l'octastique, tous deux évoquant *my mother*, et dans le vers final des deux distiques impairs, caractérisés chacun par un élan opposé : dans le premier cas vers le « dangereux » environnement; dans le second, loin de lui. La longueur identique de ces deux vers corrélatifs confère une puissance particulière au double contraste entre leur phrasé rythmique et leur orientation sémantique. L'idée de salut *upon my mothers breast* [sur le sein de ma mère] comme riposte à l'image des détestables *swadling bands* [langes] renforce l'association entre les deux vers pairs du second quatrain dans leur identité rythmique : $_6$*Striving / against my swadling bands* et $_8$*To sulk / upon my mothers breast*. Le vers intermédiaire qui ouvre le dernier distique pair partage, comme on l'a vu, plusieurs traits structuraux avec le vers initial du premier distique pair et en répète le dessin trochaïque avec sa pause médiane (4 + 3).

Dans les vers ïambiques la pause essentielle, sinon unique, tombe toujours avant un temps faible. Dans les trochaïques, elle se produit avant un temps fort ou, exceptionnellement, avant un temps faible assumé par une syllabe accentuée ($_4$*Like a fiend / hid in a cloud*). La distribution des pauses dans cet octastique de Blake en illustre, elle aussi, la fascinante symétrie. Dans notre diagramme ci-dessous, les chiffres suivis d'un point indiquent l'ordre des huit vers; la verticale voisine en indique le début et la verticale oblongue à droite, la fin. Les syllabes du vers, de sa fin vers son commencement, sont désignées en haut par la rangée horizontale des chiffres. L'oblique marque la tendance régressive que présente la disposition des pauses à l'intérieur des vers et donc, dans le dernier distique, des pauses précédant les vers.

Comme lui-même l'affirme dans le Prologue à « Jérusalem », le poète a bien atteint « en chaque vers à une variété et de cadences et de nombre de syllabes ».

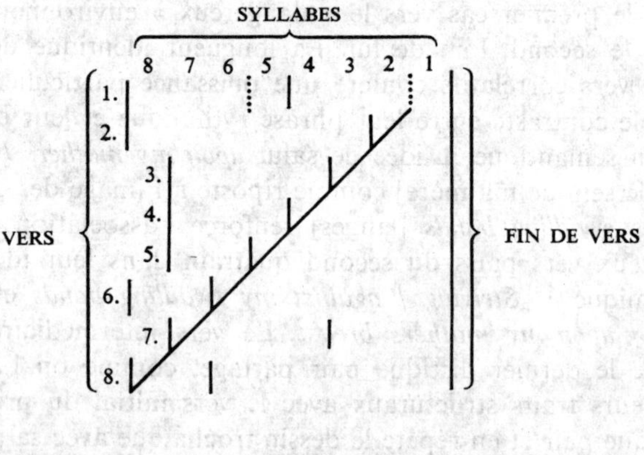

L'heptasyllabe initial de chaque distique pair est lié à l'octosyllabe qui termine le distique impair précédent au moyen d'une allitération portant sur les deux derniers mots ($_2$L*eapt* - $_3$L*oud*; $_6$B*ands* - $_7$B*est*) et par une affinité paronomastique entre le dernier mot du vers et le premier du suivant ($_2$L*eapt* - $_3$*h*ELP*less*; $_6$B*a*NDS - $_7$B*ou*ND). Dans un distique les vers sont parisyllabiques au premier quatrain, imparisyllabiques au second. L'allitération est formée de deux mots dans le premier cas, de trois dans l'autre : $_1$W*ept* - $_2$W*orld*; $_3$L*oud* - $_4$L*ike*; $_7$B*ound* - B*est* - $_8$B*reast*. L'allitération qui entrelace les vers parallèles au début du second quatrain produit un croisement des deux mots suivants dans l'antécédent d'une triple chaîne : $_5$STR*ugg*LING - $_6$STR*iv*ING - S*wad*-LING. La similitude des groupes consonantiques contrebalance la distribution divergente des temps forts et faibles dans les deux gérondifs qui s'affrontent, et dont l'un commence un vers trochaïque ($_5$*Struggling in*), l'autre un ïambique ($_6$*Striving against*).

A la limite des deux quatrains les vers contigus, parisyllabiques, des deux distiques intérieurs, l'un pair et le suivant impair, révèlent une multiple parenté dans leur texture sonore : $_4$F*ie*ND - H*i*D IN - $_5$IN *my* F*athers* H*a*NDS. A peine le quatrième vers, seule comparaison de tout le poème, introduit-il un héros mythique (le démon) que par une sorte de « fondu » cinématographique l'image adverse des mains tyranniques du père perce sous la première « projection », et que s'affirme ainsi nettement la métamorphose : le soi-disant héros surnaturel ($_4$*Like a fiend hid in a cloud*) s'avère en fait une victime ($_5$*Struggling in my fathers hands*).

Les huit vers d'*Infant Sorrow* répondent ainsi remarquablement à ce que Gerard Manley Hopkins entend par « figures de grammaire » et « figures de son », et c'est à leur symétrie éloquente comme à leurs tangibles interrelations, pénétrées d'un symbolisme transparent, que cette histoire ingénue et succincte doit en majeure partie sa force de suggestion et sa puissance mythologique.

Le Douanier Rousseau a été comparé à Blake; on a même prétendu qu'il en était proche (cf. Frye, 1965, p. 105). Un octastique du peintre français va servir de nouvel exemple.

II. APPENDICE POÉTIQUE D'HENRI ROUSSEAU A SON DERNIER TABLEAU

> J'ai conservé ma naïveté... Je ne pourrai maintenant changer ma manière que j'ai acquise par un travail opiniâtre.
>
> Henri Rousseau à André Dupont,
> *1er avril 1910.*

Peu avant sa mort (2 septembre 1910), le Douanier Rousseau exposa une unique peinture, *le Rêve*, au Salon des Indépendants (18 mars-1er mai de la même année) et écrivit à Guillaume Apollinaire : « J'ai envoyé mon grand tableau, tout le monde le trouve bien, je pense que tu vas déployer ton talent littéraire et que tu me vengeras de toutes les insultes et affronts reçus » (11 mars 1910 : cf. Apollinaire, 1913, p. 56). L'article commémoratif d'Apollinaire, « Le Douanier », rappelle que Rousseau n'avait jamais oublié son jeune amour pour une Polonaise, Yadwigha (= Jadwiga) « qui lui inspira Le Rêve, son chef-d'œuvre », aujourd'hui au Musée d'Art Moderne de New York, et parmi les quelques tentatives poétiques du peintre (« gentils morceaux de poésie ») son « Inscription pour le Rêve » complète l'essai d'Apollinaire (*ibid.*, t. II, p. 65) :

Yadwigha dans un beau rêve
S'étant endormie doucement
Entendait les sons d'une musette
Dont jouait un charmeur bien pensant.
Pendant que la lune reflète
Sur les fleuves, les arbres verdoyants,
Les fauves serpents prêtent l'oreille
Aux airs gais de l'instrument.

Arsène Alexandre raconte dans son interview avec le peintre (*Comœdia*, 1er mars 1910) : « Rousseau me fit lire sur une petite planchette dorée, semblable à un feuillet de manuscrit thibétain, l' « explication » du tableau, qu'il avait préparée pour accrocher sous le cadre [...] — Il faut, n'est-il pas vrai? me dit-il, une explication aux tableaux. Les gens ne comprennent pas toujours ce qu'ils voient. » Tout en acceptant l'objection de l'interlocuteur auquel les tableaux de Rousseau « parurent toujours clairs », le peintre insista : « C'est toujours mieux avec quelques vers. »

L'octastique cité par Apollinaire et le texte identique dans l'ouvrage de W. Uhde (1911) diffèrent de celui qu'on trouve dans l'interview d'Alexandre par le seul mot *fleurs* substitué aux *fleuves* dans le sixième vers, et cette déviation fait une entorse à la syntaxe et au sens du troisième distique. Dans le *Catalogue de la 26e Exposition* de la *Société des artistes indépendants* (Paris, 1910, p. 294), la référence à Rousseau : « *4468 le Rêve* » est accompagnée des mêmes vers, imprimés cependant avec de grossières erreurs et distorsions, par exemple *Yadurgha* au lieu de *Yadwigha*, de sorte que la version imprimée ci-dessus nous apparaît toujours comme la seule valable.

Les quatre vers pairs, « masculins », du poème s'achèvent sur une seule et même voyelle nasale, alors que les quatre impairs, « féminins », se terminent par une syllabe fermée dont une variété brève ou longue de [ε] forme le noyau. Parmi les rimes approximatives qu'offrent ces deux séries, celles qui lient ensemble les deux distiques intérieurs (les vers 3-4 avec les vers 5-6) et, à leur tour, les rimes des deux distiques extérieurs (les vers 1-2 avec les vers 7-8) révèlent une similitude supplémentaire entre les mots rimants par comparaison avec ceux des quatrains : dans les distiques extérieurs l'identité complète des voyelles syllabiques est renforcée par une consonne prévocalique servant de support ($_1$RÊ*ve* - $_7$*o*RE*ille*; $_2$*douce*MENT - $_8$*instru*MENT) et dans les distiques intérieurs cette même identité vocalique est secondée par la consonne postvocalique des rimes féminines ($_3$*mus*ETTE - $_5$*refl*ÈTE) ou par la frappante identité grammaticale des mots porteurs de la même rime masculine ($_4$*pensant* - $_6$*verdoyants*, les deux seuls participes du poème).

Souligné ainsi par les rimes. l'octastique présente une très nette division en distiques extérieurs (I, IV) et intérieurs (II, III). Chacun de ces deux couples de distiques comprend un nombre égal de noms, six, divergeant de même façon en quatre masculins et deux féminins. Dans chacun, le vers initial et le vers final comprennent deux noms : un féminin et un masculin dans les vers initiaux ($_1$*Yadwigha*, *rêve*; $_3$*sons*, *musette*) et deux masculins dans les vers terminaux ($_3$*airs*, *instrument*; $_6$*fleuves*, *arbres*). La symétrie globale révélée par les noms des distiques extérieurs et intérieurs ne trouve aucun support dans la distribution entre distiques impairs et pairs ou antérieurs et postérieurs; mais les deux distiques intérieurs comprennent le même nombre de noms, trois, en symétrie spéculaire (II : $_3$*sons*, *musette*, $_4$*charmeur*; III : $_5$*lune*, $_6$*fleuves*, *arbres*) et par conséquent la relation entre les noms des distiques impairs et pairs (sept à cinq) est précisément la même que la relation entre les noms des distiques postérieurs et antérieurs.

Chacun des deux quatrains comprend une phrase comprenant elle-même deux sujets et deux prédicats conjugués. Chaque distique de l'octastique renferme un sujet, alors que dans la distribution des prédicats conjugués (trois à un) les distiques pairs sont aux impairs dans la même relation que les intérieurs aux extérieurs.

Les sujets des distiques extérieurs appartiennent aux deux propositions principales du poème, tandis que les deux sujets des distiques intérieurs font partie des propositions subordonnées. Les sujets principaux se trouvent en début de vers

($_{1}$*Yadwigha* dans un beau rêve; $_{7}$*Les fauves serpents*), contrastant ainsi avec la position différée des subordonnées ($_{4}$Dont jouait *un charmeur*; $_{5}$Pendant que *la lune*). Les sujets féminins apparaissent dans les distiques impairs, les masculins dans les distiques pairs. Aussi dans chaque quatrain le premier sujet est-il féminin, le deuxième masculin : $_{1}$*Yadwigha* - $_{4}$*charmeur*; $_{5}$*lune* - $_{7}$*serpents*. Et en conséquence, les deux distiques antérieurs (premier quatrain) où le genre féminin caractérise le sujet principal *Yadwigha* et le masculin le sujet subordonné *charmeur*, s'opposent diamétralement aux distiques postérieurs (second quatrain) où le sujet principal *serpents* est masculin et le sujet subordonné *lune*, féminin. Également, dans les distiques antérieurs le genre personnel (humain) distingue les sujets grammaticaux ($_{1}$*Yadwigha*, $_{4}$*charmeur*), alors qu'on ne relève dans les distiques postérieurs que des sujets non personnels ($_{5}$*lune*, $_{7}$*serpents*).

Ces données peuvent se résumer en un diagramme où l'italique désigne les positions des quatre sujets dans la composition de l'octastique, et le romain leurs propriétés grammaticales :

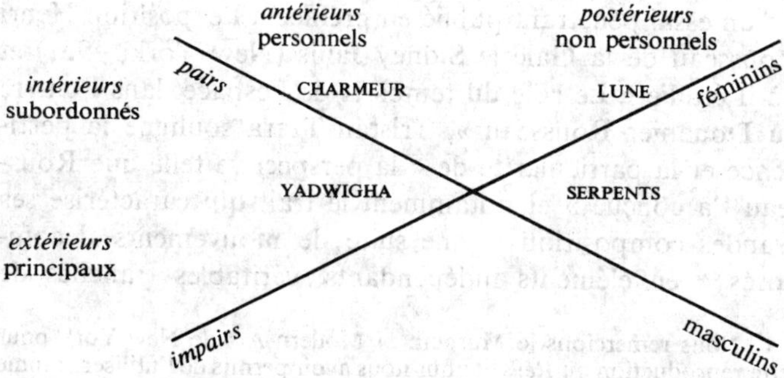

Cette distribution des quatre sujets grammaticaux se trouve correspondre à la disposition *relative* de leurs référents picturaux dans la toile d'Henri Rousseau (illustration page 138 [1]) :

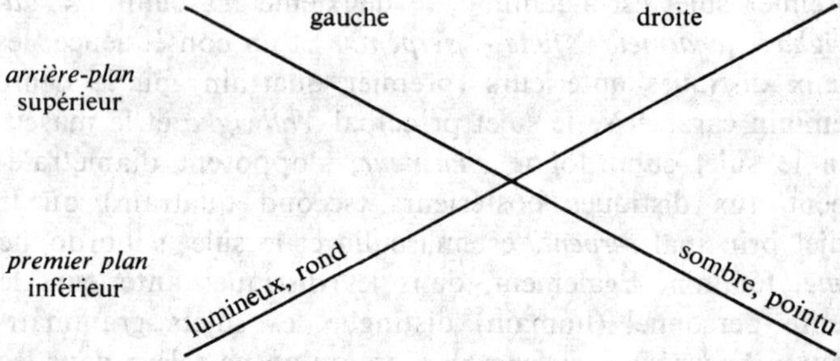

Les *figures picturales* du premier plan sont rendues dans le poème par la *position des sujets* dans les distiques extérieurs, divergents, alors que les figures de l'arrière-plan, raccourcies et surélevées dans le tableau, sont rendues par les sujets subordonnés assignés aux distiques intérieurs, convergents. En un essai pénétrant publié en préface à l'exposition Henri Rousseau de la Galerie Sidney Janis (New York, 1951) et où il étudie « Le rôle du temps et de l'espace dans l'œuvre du Douanier Rousseau », Tristan Tzara souligne la pertinence et la particularité de « la perspective telle que Rousseau l'a conçue » et notamment le trait qui caractérise ses grandes compositions : une suite de mouvements décomposés « en éléments indépendants, véritables tranches de

1. Nous remercions le Museum of Modern Art de New York pour cette reproduction du *Rêve* et pour nous avoir permis de l'utiliser comme illustration. Nous remercions aussi le Conservateur adjoint, Betsy Jones, pour ses précieuses informations.

temps, reliés les uns aux autres par une sorte d'opération arithmétique ».

Si le charmeur et la pleine lune font face au spectateur, les figures en profil de Yadwigha et du serpent sont tournées l'une vers l'autre : les replis de celui-ci répondent même chez celle-là aux courbes de la hanche et de la jambe, et les fougères vertes qui jaillissent au-dessous de ces deux sinuosités pointent verticalement vers le flanc de la femme et vers la courbe supérieure du reptile. Mais en fait, ce serpent mince et luisant se détache sur un autre noir, épais, à peine visible au fond : ce dernier correspond par sa couleur à la peau sombre du Charmeur, alors que le premier correspond à une bande de sa ceinture multicolore. Dans le tableau, des fleurs bleues et violettes s'élèvent semblablement au-dessus de Yadwigha et des reptiles; dans le poème, ce sont deux constructions parallèles qui relient ces reptiles à l'héroïne : $_{3}$*Entendait les sons d'une musette* et $_{7}$*prêtent l'oreille* $_{8}$*Aux airs gais de l'instrument*.

A cet égard, quelques questions intéressantes se posent touchant les genres grammaticaux. Aux deux sujets féminins du poème le tableau répond par deux traits évidents, caractéristiques de Yadwigha et de la lune : leur pâleur différente contrastant avec les couleurs profondes de l'entour, particulièrement du charmeur et des reptiles — et la rondeur semblable de la pleine lune et du sein de la femme contrastant avec le corps pointu du serpent lumineux et la flûte du Charmeur. La « sexuisemblance » des genres masculin et féminin, éprouvée par tout francophone, a été analysée lucidement et exhaustivement par J. Damourette et E. Pichon dans le premier volume de leur œuvre historique, *Des mots à la pensée — Essai de grammaire de la langue française* (Paris, 1911-1927), chapitre IV :

> Tous les substantifs nominaux français sont masculins ou féminins : c'est là un fait incontestable et incontesté. L'imagination nationale a été jusqu'à ne plus concevoir de substances nominales que contenant en elles-mêmes une analogie avec l'un des deux sexes; de sorte que la sexuisemblance arrive à être un mode de classification générale de ces substances (§ 302)... Elle a dans le parler, donc dans la pensée, de chaque Français un rôle de tout instant (§ 306)... Cette répartition n'a évidemment pas un caractère purement intellectuel. Elle a quelque chose d'affectif... La sexuisemblance est tellement nettement une comparaison avec le sexe que les vocables français féminins en arrivent à ne pouvoir au figuré être comparés qu'à des femmes (§ 307)... Le répartitoire de sexuisemblance est le monde d'expression de la personnification des choses (§ 309).

Il est intéressant de noter que, dans le poème de Rousseau, les quatre féminins sont liés aux quatre vers impairs. Ils ouvrent le vers lorsqu'ils fonctionnent comme sujets grammaticaux, et le ferment lorsqu'ils agissent comme termes secondaires dans les distiques pairs.

L'association impérative du féminin et des vers impairs réclame une interprétation. La tendance à différencier les formes féminines et masculines par la fermeture et l'ouverture en fin de mot (cf. Damourette et Pichon, § 272) crée un lien entre la syllabe terminale du vers, close ou ouverte, et le genre. Le terme « rimes féminines », si populaire qu'il figure dans les manuels français élémentaires, a pu aussi favoriser la distribution des noms féminins parmi ces vers.

Dans le poème de Rousseau, la répartition des genres est soumise à un principe dissimilatif. L'objet le plus proche du verbe appartient au genre opposé à celui du sujet d'une proposition donnée, et s'il existe plus loin un autre terme subordonné, soit adverbal, soit adnominal, il conserve le genre du sujet. De cette façon le rôle des genres dans le poème se trouve particulièrement intensifié : $_1$*Yadwigha* (fém.)...

$_{3}$*Entendaït les sons* (masc.) *d'une musette* (fém.); $_{4}$*Dont* (se rapportant à *musette*, fém.) *jouait un charmeur* (masc.); $_{5}$*la lune* (fém.) *reflète* $_{6}$*... les arbres* (masc.); $_{7}$*Les fauves serpents* (masc.) *prêtent l'oreille* (fém.) $_{8}$*Aux airs gais* (masc.).

Le premier plan, dans la toile comme dans le poème, appartient à Yadwigha et aux reptiles. On est tenté d'évoquer *Eve*, un tableau un peu antérieur, avec son prodigieux duo de profils : la femme nue et le serpent (cf. Vallier, 1970, Pl. XXV). Cette hiérarchie des *dramatis personae* a été cependant négligée par les critiques. Ainsi, dans son éloge du 18 mars 1910 (1960, p. 76) : « De ce tableau se dégage de la beauté », Apollinaire voit bien une femme nue sur un sofa, entourée d'une végétation tropicale avec singes, oiseaux de paradis, lion, lionne et Nègre jouant de la flûte, « personnage de mystère »; mais il ne fait même pas mention de la lune ni des serpents. De même, Jean Bouret (1961, p. 50) restreint son étude de la composition dans *le Rêve* au joueur de flûte, au tigre (?), à l'oiseau et à la femme allongée. Ces observateurs, en somme, s'arrêtent à la partie gauche, la plus large du tableau, sans passer à la droite, plus petite, c'est-à-dire au sujet du second quatrain. Dans l'examen visuel de l'œuvre, le stade initial procède naturellement du côté gauche — « cette femme endormie sur ce canapé » qui se voit en rêve transportée « dans cette forêt, entendant les sons de l'instrument du charmeur », selon l'explication même que le peintre donne de son œuvre (Apollinaire, 1913, p. 57). De Yadwigha et du mystérieux charmeur le foyer se déplace alors vers le second volet du diptyque, séparé du premier par une fleur bleue sur une longue tige, faisant pendant à celle qui se trouve à gauche de l'héroïne. L'ordre narratif, la reconnaissance successive et la synthèse de cette toile, *le Rêve* (cf. A. Luria : *Les Fonctions corticales supérieures chez l'homme et leur dérèglement dans les lésions locales du cerveau*, Moscou, 1962), trouvent leur nette correspondance dans la transition du premier quatrain, avec ses deux imparfaits parallèles — ou prétérits présents, suivant la terminologie de L. Tesnière — ($_3$*entend*AIT - $_4$*jou*AIT) aux deux présents rimants du second quatrain ($_5$*reflè*TE - $_7$*pr*ÊTENT) et dans la substitution de purs articles définis ($_5$*la lune*, $_6$*les fleuves*, *les arbres*, $_7$*les serpents*, *l'oreille*, $_8$*aux airs*, *l'instrument*) aux indéfinis qui, à la seule exception de $_3$*les sons*, dominent le quatrain précédent ($_1$*un rêve*, $_3$*une musette*, $_4$*un charmeur*).

Dans la composition poétique comme dans la picturale, *l'action* dramatique *est engendrée* par les quatre sujets grammaticaux et leurs quatre référents visuels. Comme on l'a souligné plus haut, tous quatre sont liés mutuellement selon trois contrastes binaires, exprimés lumineusement par le peintre-poète, et qui transforment ce quatuor insolite en six couples opposés déterminant et diversifiant l'intrigue verbale et graphique. Dans l' « Inscription », chacun de ces quatre sujets est doté d'un autre caractère catégoriel qui le met en contraste avec ses trois correspondants : *Yadwigha* est le seul nom propre du poème, *un charmeur* le seul appellatif personnel, *les serpents* le seul pluriel animé, et *la lune* le seul inanimé. Cette diversité s'accompagne d'une même différence dans les articles : l'article zéro signalant le nom propre, l'indéfini *un*, suivi du pluriel *les*, et le féminin *la* du défini.

Un jeu multiple de similitudes et de divergences concurrentes sous-tend donc et vivifie ce *Rêve* écrit et peint sous toutes ses facettes : le silence de la nuit illuminée interrompu par les airs que joue un charmeur sombre; l'enchantement du clair de lune et les charmes de la musique; les deux auditeurs de la mélopée magique, la femme et le serpent, à la fois étrangers et s'attirant l'un l'autre; le reptile, tentateur légendaire du sexe faible, mais victime constante du charmeur de serpents; le contraste maximal et en même temps la mystérieuse affinité entre la pâle Yadwigha sur son sofa démodé et le flûtiste tropical, bienveillant dans sa forêt vierge; et par-dessus tout cela, aux yeux du locataire du 2 *bis* rue Perrel, la fascination également exotique du sorcier africain et de l'enchanteresse polonaise au nom extraordinaire.

Quant au lion escorté d'une lionne et omis dans le poème, il appartient dans le tableau au triangle du joueur de flûte et, comme Jean Bouret *(loc. cit.)* l'a remarqué, en représente le « sommet » pointé vers le bas. Cette gueule frontale semble bien être un double du charmeur qui se tient debout au-dessus d'elle, comme l'oiseau de trois quarts au-dessus de Yadwigha semble être un double de la rêveuse. Mais dans cette comparaison entre la toile et le poème de Rousseau, il va de soi que notre attention s'est surtout concentrée sur leur commun dénominateur, aisément isolable en dépit des traits divergents, par exemple de ces fleuves qui, dans le poème, reflètent les arbres, ou de l'abondance zoologique dans le tableau.

Comme l'*Infant Sorrow* de Blake, l'octastique du Douanier Rousseau, afin d'assurer la cohésion de ses distiques expressément différenciés, les relie par de solides attaches phonologiques entre les vers pairs et les impairs qui leur succèdent : $_2$se*tã tãd*ɔrmi dusm*ã*t, $_3$*ãtãdɛ* / ; / $_4$*pãsã* $_5$*pãdã* /. En outre, les deux derniers distiques sont unis par une texture sonore des plus tangibles : $_6$*les* FL*eu*V*es* - $_7$*Les* F*au*V*es* (avec deux voyelles arrondies correspondantes); $_6$S*u*R... les *a*RBR*es* - $_7$S*e*RP*ents* PR*êtent* (où le phonème /R/ alterne avec les sifflantes et les occlusives labiales).

Dans ma conclusion naturelle je ne puis que suivre Vratislav Effenberger (1963), lorsque ce spécialiste tchèque de l'œuvre de Rousseau la définit comme « un signe de symbiose croissante entre peinture et poésie ». La même observation, à propos de Paul Klee, formulée par Carola Giedion-

Welcker (1946) — chez cet artiste « le poète est inséparable du peintre » —, nous invite à poursuivre cette étude par celle d'un des vestiges poétiques de Klee.

III. L'OCTASTIQUE DE PAUL KLEE

> Langage sans raison... L'inspiration a-t-elle des yeux, est-elle somnambule? L'œuvre d'art comme acte. Division des orteils en trois : 1 + 3 + 1.
>
> Journal de Klee, 1901 (n°s 183, 310).

Le poème du peintre, daté de 1903, touchant les bêtes, les dieux et les hommes, écrit, selon les habitudes de l'auteur, sans aucun arrangement vertical des vers, révèle néanmoins une division rythmique fort précise en huit vers de deux hémistiches. Le second hémistiche des premier et troisième vers comporte trois accents fortement marqués, et tous les autres n'en comportent que deux. En fait, l'auteur lui-même sépare les vers de ce poème en espaçant entre eux les intervalles, particulièrement lorsque ces vers ne sont pas isolés l'un de l'autre par un signe de ponctuation (cf. le manuscrit autographe reproduit par le fils du peintre, Felix Klee, 1960, p. 56) :

$_1$Zwei Bérge gibt es / auf denen es héll ist und klár,
$_2$den Bérg der Tíere / und den Bérg der Götter.
$_3$Dazwischen aber liegt / das dämmerige Tal der Menschen.
$_4$Wenn éiner éinmal / nach oben sieht,
$_5$erfasst ihn ahnend / eine unstillbare Séhnsucht,
$_6$ihn, der wéiss, / dass ér nicht wéiss
$_7$nach íhnen die nicht wissen, / dass sie nicht wissen
$_8$únd nach ihnen, / die wissen dass sie wissen.

Traduction littérale

$_1$Il est deux montagnes / où il fait lumineux et clair
$_2$La montagne des bêtes / et la montagne des dieux.
$_3$Mais entre elles s'étend / la sombre vallée des hommes.
$_4$Lorsqu'une fois l'un d'eux / regarde vers le haut,
$_5$Le saisit en présage / une nostalgie inextinguible,
$_6$Lui qui sait / qu'il ne sait pas
$_7$De ceux qui ne savent pas / qu'ils ne savent pas
$_8$Et de ceux / qui savent qu'ils savent.

La ponctuation de Klee dans ce manuscrit révèle entre les deux derniers vers une différence significative quant au phrasé rythmique : $_7$*nach ihnen die nicht wissen, dass sie nicht wissen* et $_8$*und nach ihnen, die wissen dass sie wissen*, où la virgule indique la place variable de la frontière entre les hémistiches. Ainsi la lecture *únd nach íhnen, / die wíssen dass sie wíssen*, avec l'accent sur la conjonction antithétique, apparaît comme la seule correcte.

La transcription de ce poème dans l'édition F. Klee (1957, nº 539 et 1960, p. 56) réforme malheureusement la ponctuation de l'artiste en fonction des normes orthographiques. Dans la première de ces publications l'octastique apparaît imprimé comme de la prose, alors qu'il se trouve dans la seconde artificiellement fragmenté en douze vers : ainsi certains hémistiches sont traités comme des vers séparés et, par surcroît, le proclitique initial du second hémistiche est assigné à la fin du premier — exemple :

Dazwischen aber liegt das
dämmerige Tal der Menschen.

A l'exception du solennel hémistiche amphibrachique, le deuxième du premier vers — *auf denen es héll ist und klár* — les vers de ce poème présentent un rythme dissyllabique à prédominance ïambique. Le premier hémistiche, dipodique en six vers et tripodique en deux, perd son temps fort initial en deux cas : $_6$*íhn, der wéiss*; $_8$*únd nach íhnen*. Le second, de deux, trois ou quatre doubles pieds, commence par un temps faible après une césure masculine (vers 3 et 6), alors qu'après une césure féminine il commence soit par un temps fort, préservant ainsi l'uniformité métrique du vers entier *(*$_2$*den Bérg der Tíere / und den Bérg der Götter;* $_5$*erfásst ihn áhnend / eine únstillbare Séhnsucht)*, soit par un temps faible, atteignant ainsi à l'autonomie de sa propre structure ïambique *(*$_4$*Wenn éiner éinmal / nach óben síeht;* cf. vers 7 et 8*)*.

Trois génitifs pluriels, les seuls noms animés du poème — $_2$*der Tiere*, *der Götter*, $_3$*der Menschen* — désignent ses héros triadiques. Le principe ternaire, en partie lié à cette trichotomie thématique et en partie autonome, règne dans l'octastique entier. Le poème comprend trois phrases (1-2; 3; 4-8) qui, à leur tour, comprennent trois propositions indépendantes avec trois verbes conjugués : $_1$*gibt*, $_3$*liegt*, $_5$*erfasst*, tous trois situés avant le sujet, par contraste avec les prédicats des propositions subordonnées. L'accusatif pluriel $_1$*Berge* est suivi de la double apposition $_2$*Berg... Berg*, et le pronom relatif $_1$*denen* des deux articles apparentés $_2$*den... den*. Trois neutres avec trois prédicats finis — $_1$*gibt es*, *es hell ist*, $_3$*liegt das* — ouvrent le poème. Les domiciles des triples héros — $_2$*Berg der Tiere*, *Berg der Götter* et $_3$*Tal der Menschen* — se trouvent associés à trois adjectifs : $_1$*hell klar*, $_3$*dämmerige*, et les images contrastées qui terminent les deux premières phrases sont soulignées par des combinaisons paronomastiques : $_2$*Berg der Götter* (erg-erg); $_3$*dämmerige... der Menschen* (dem.r-derm). La troisième phrase, elle aussi, est pleine de répétitions ternaires : $_4$*einer*, *einmal*, $_5$*eine*; $_4$*nach*, $_7$*nach*, $_8$*nach*; $_6$*ihn*, *der weiss*, *dass er* nicht *weiss*, $_7$*ihnen die* nicht *wissen*, *dass sie* nicht *wissen*, $_8$*ihnen*, *die wissen dass sie wissen* — où la négation *nicht* se trouve soigneusement distribuée trois fois dans les sixième et septième vers. La triple apparition de la conjonction $_{1}$, $_{2}$, $_{8}$ *und* est liée à une correspondance entre la première et la dernière phrase : l'accusatif, $_{1}$*Berge*, suivi en apposition de deux accusatifs pléonastiques reliés par *und*, a pour pendant l'accusatif $_{5}$*ihn* et son apposition pléonastique $_{6}$*ihn* suivie de deux datifs $_{7}$*nach ihnen*... $_{8}$*und nach ihnen*.

Un dessin spatial, purement métaphorique, d'une facture biblique, sous-tend le poème entier :

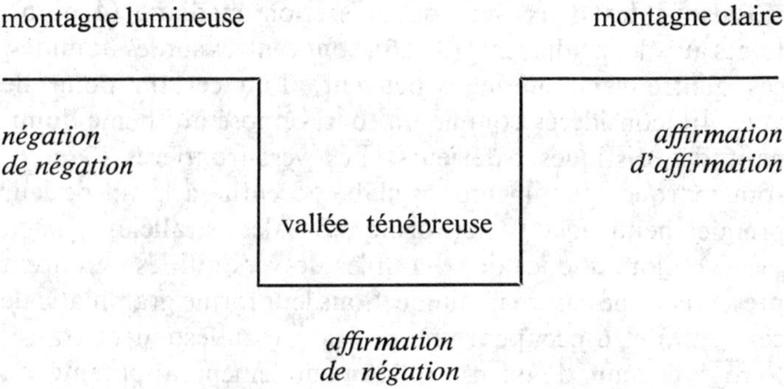

La vallée représente ici le seul lieu de l'insoluble antinomie entre les deux contraires : la conscience même de l'inconscience qui sans doute renvoie à son double contraire et tragique : l'inconscience même de la conscience.

La tripartition thématique de l'octastique superpose ainsi une structure symétrique à sa division syntaxique en trois phrases inégales de deux, un et cinq vers. Les trois premiers vers du poème dépeignent le statut permanent, quasi matériel, des héros : le distique extérieur, initial (vers 1 et 2) est consacré aux bêtes et aux dieux, alors que le troisième vers traite des hommes. Parallèlement, les trois derniers vers du poème caractérisent le statut permanent, mais mental, de ces héros : le distique extérieur, final (vers 7 et 8) est consacré aux bêtes et aux dieux, alors que le troisième vers à partir de la fin (vers 6) traite des hommes. Des trois sections, celle du centre (vers 4 et 5) peut être définie comme dynamique : elle concerne en effet le processus actif qui se déroule — ici encore, de façon permanente — dans « la sombre vallée des hommes ». Chacune de ces sections est signalée par un monosyllabe à la fin du vers qui la commence ($_{1}$*klar*, $_{4}$*sieht*, $_{6}$*weiss*), alors que les cinq autres vers du poème s'achèvent sur un paroxyton.

Puisque les deux vers de la section médiane (4 et 5), joints aux deux adjacents (3 et 6), sont centrés sur les hommes, ces quatre vers intérieurs peuvent, d'un certain point de vue, être considérés comme un tout, opposé au thème dominant des distiques extérieurs. Les vers-frontières (3 et 6) sont marqués par un monosyllabe accentué à la fin de leur premier hémistiche (deux formes verbales parallèles : $_{3}$*liegt*, $_{6}$*weiss*), alors que les deux couples de vers qui les entourent présentent une césure féminine. Sous leur forme grammaticale ces vers 3 et 6 occupent une position manifestement transitoire : chacun d'eux est fondamentalement apparenté au distique extérieur contigu, mais en même temps ils ne laissent pas de partager certains traits formels avec les deux vers du centre.

Ce distique central, le plus dramatique du poème, est doté de verbes d'action ($_{4}$*nach oben sieht*, $_{5}$*erfasst*) par opposition aux verbes d'état des vers 1 à 3 et aux *verba sciendi* des vers 6 à 8. Le nom abstrait $_{5}$*Sehnsucht* contraste avec les six substantifs concrets des trois vers précédents comme avec l'absence de tout nom dans les trois suivants. Les composants de *Sehnsucht* sont reliés l'un au verbe *sehnen*, et l'autre, selon l'étymologie populaire, au verbe *suchen*. Le vers entier présente ainsi ostensiblement une tendance verbale : à côté du verbe transitif *erfasst* et de son objet direct *ihn*, il renferme un gérondif *ahnend* et un adjectif déverbatif *unstill-*

bare. La proposition introduite par l'adverbe de temps $_4$*Wenn*, comparée aux propositions relatives des deux autres sections, souligne la primauté du verbe dans les vers médians. L'hexasyllabe, à vocation verbale, qui conclut le distique central — $_5$*erfasst ihn áhnend/eine únstillbare Séhnsucht* — contraste en particulier avec le vers de cinq pieds, purement nominal, qui clôt le premier distique — $_2$*den Bérg der Tíere / und der Bérg der Götter* — ces deux vers apparaissant comme les seuls intégralement ïambiques avec terminaisons féminines aux deux hémistiches. Le trio indéfini, $_4$*einer-einmal* - $_5$*eine* contraste, lui, avec les deux chaînes de « déterminés » : $_1$*denen* - $_2$*den* - *der* - *den* - *der* - $_3$*dazwischen* - *das* - *der* (y compris l'allitératif *dämmerige*) dans la première section, et $_6$*der* - *dass* - $_7$*die* - *dass* - $_8$*die* - *dass* dans le dernier tercet. L'attaque vocalique *ein*, trois fois répétée, se trouve renforcée par les syllabes analogues qui commencent les mots voisins — $_4$*einer, einmal... oben...* $_5$*erfasst ihn ahnend eine unstillbare...* — tandis que les terminaisons de ce distique produisent une triple allitération de sifflantes : $_4$*sieht* - *Sehnsucht*.

Avec le vers de transition qui le précède le distique central partage les seuls sujets nominaux et les seuls épithètes de l'octastique; soit dit en passant, ces deux adjectifs tétrasyllabiques dans les seuls hémistiches tétrapodiques — $_3$*dämmerige* et $_5$*unstillbare* — sont les vocables les plus longs du texte entier. Les seuls noms au nominatif liés à ces adjectifs se réfèrent indirectement aux hommes, et forment la contrepartie des trois accusatifs nominaux du distique initial qui se réfèrent, eux, aux bêtes et aux dieux. En outre, le genre même oppose le sombre $_3$*Tal*, seul nom neutre du poème et surtout l'affective $_5$*Sehnsucht*, seul féminin, aux cinq noms masculins du distique initial, comme si cette différence était chargée de confirmer la spécificité des problèmes et des errements humains. En général, les oppositions de contraires et d'éléments contradictoires sont beaucoup plus caractéristiques de la texture grammaticale, chez Klee, que les correspondances numériques entre les différentes sections.

Avec le vers de transition qui le suit le distique central partage les seuls pronoms masculins singuliers *($_4$einer; $_5$ihn; $_6$ihn, der, er)* et l'absence en lui de tout pluriel contraste avec les nombreux pluriels nominaux, pronominaux, verbaux des autres vers. Cette curieuse solitude, esquissée graphiquement dans l'acmé du poème de Klee, trouve son préambule dans les notations qui le précèdent immédiatement dans le Journal (n° 538) : « ... se régler totalement sur soi-même, se préparer à l'isolement le plus grand. Haine de la reproduction (excès de sensibilité éthique) ».

Les trois vers de la fin, strictement relationnels et réflexifs, présentent trois variétés de double hypotaxe. Ils consistent en neuf pronoms, six formes du verbe « savoir », trois accompagnées et trois non accompagnées du négatif *nicht*, et six conjonctions et prépositions, qui mettent fin au réseau métaphorique des deux sections précédentes, avec leurs verbes et leurs inanimés de convention figurative. Le lecteur est ici convié à progresser de visions spatiales vers de rigoureuses abstractions spirituelles.

En accord avec la nostalgie que le distique final traduit envers les habitants des deux montagnes, *auf denen es hell ist und klar*, ou plutôt avec le dernier effort vers les hauteurs de la méditation abstraite, les sept accents forts de ces deux vers terminaux tombent tous sur la voyelle aiguë et diffuse /i/ : $_7$*nach íhnen die nicht wíssen, dass síe nicht wíssen* $_8$*únd nach íhnen, die wíssen dass sie wíssen.* De même, dans les trois vers de la première section, c'est /i/ qui porte le dernier accent du premier hémistiche. Des trente-quatre accents forts de l'octastique, trente-trois tombent sur des voyelles palatales (c'est-à-dire aiguës) et treize notamment sur /i/. Les quatre diphtongues /ai/ avec leur terminaison aiguë renforcent à leur tour la couleur « brillante » du poème de

Klee, qui manifestement évite de faire porter l'accent sur les voyelles vélaires arrondies et ne tolère que deux /u/ et un /o/.

<table>
<tr><td>1re phrase</td><td colspan="3">bêtes et dieux</td><td>1. distique
2. initial</td><td rowspan="2">I
statut
extériorisé</td><td rowspan="3">imagerie</td></tr>
<tr><td>2e phrase</td><td rowspan="3">hommes</td><td></td><td rowspan="2">condamnation</td><td>3.</td></tr>
<tr><td rowspan="3">3e phrase
hommes
en relation
avec
les bêtes
et les dieux</td><td rowspan="2">réclusion</td><td>4. distique
5. central</td><td>II
mouvement</td></tr>
<tr><td></td><td>6.</td><td rowspan="2">III
statut
interne</td><td rowspan="2">abstraction</td></tr>
<tr><td colspan="3">bêtes et dieux</td><td>7. distique
8. final</td></tr>
</table>

Cette étonnante union de transparence radieuse, de savante simplicité et d'imbrication multiforme permet, chez Klee, au peintre comme au poète, de déployer une harmonieuse combinaison de procédés, surprenants par leur variété, aussi bien sur un morceau de toile que dans les quelques lignes d'un Journal. Le schéma ci-dessus résume ces arrangements rivaux, binaires et ternaires, de thèmes ou de procédés grammaticaux qui confèrent à cette miniature verbale sa profondeur et sa monumentalité, et qui semblent illustrer chez Klee la dialectique de la polarité artistique, avec son sens aigu des corrélations du dynamique et du statique, du brillant et du profond, de l'intensif et de l'extensif, des concepts *grammaticaux* et *géométriques* et, pour finir, de la règle et de son dépassement, toutes choses que l'artiste consigne en ce Journal de 1908 (n° 832) :

> Que l'action se déroule d'une manière extraordinaire et non selon la règle. L'action est aoristique, elle doit se détacher sur fond de permanence. Si je veux agir en clair, ce fond doit rester sombre. Si je veux agir en sombre, cela présuppose un fond clair. L'effet de l'action augmente selon que l'intensité est plus forte et l'étendue plus restreinte, mais étant donné que le fond présente une intensité plus faible et une plus vaste étendue... Sur fond moyen de permanence une double action serait possible, vers le clair ainsi que vers le sombre.

Traduit de l'anglais par
Jean Paris

RÉFÉRENCES

Apollinaire (Guillaume), éditeur de *les Soirées de Paris*, III, n° 20, 15 janvier 1913 (en fait 1914), Paris, 1913.

Apollinaire (Guillaume), *Chroniques d'Art*, Paris, 1960.

Bouret (Jean), *Henri Rousseau*, Neuchâtel, 1961.

Bronowski (J.), *William Blake and the Age of Revolution*, New York, 1965.

Effenberger (Vratislav), *Henri Rousseau*, Prague, 1963.

Erdman (D. V.), éditeur de *The Poetry and Prose of William Blake*, New York, 1965.

Frye (Northrop), *Fearful Symmetry : A Study of William Blake*, Boston, 1965.

Giedion-Welcker (Carola), *Anthologie des Abseitigen*, Berne, 1946.

Jakobson (Roman), « Poetry of Grammar and Grammar of Poetry », *Lingua*, XXI (1968) [ici-même, p. 89-126].

Klee (Felix), éditeur des *Tagebücher von Paul Klee 1898-1918*, Cologne, 1957.
Klee (Felix), éditeur des *Gedichte von Paul Klee*, Zurich, 1960.
Tzara (T.), « Le Rôle du temps et de l'espace dans l'œuvre du Douanier Rousseau », *Art de France*, II, 1962.
Uhde (W.), *Henri Rousseau*, Paris, 1911.
Vallier (Dora), *Tout l'œuvre peint de Henri Rousseau*, Paris, 1970.

« Les chats » de Charles Baudelaire[a]

Les amoureux fervents et les savants austères
Aiment également, dans leur mûre saison,
Les chats puissants et doux, orgueil de la maison,
Qui comme eux sont frileux et comme eux sédentaires.

Amis de la science et de la volupté,
Ils cherchent le silence et l'horreur des ténèbres;
L'Érèbe les eût pris pour ses coursiers funèbres,
S'ils pouvaient au servage incliner leur fierté.

Ils prennent en songeant les nobles attitudes
Des grands sphinx allongés au fond des solitudes,
Qui semblent s'endormir dans un rêve sans fin;

Leurs reins féconds sont pleins d'étincelles magiques,
Et des parcelles d'or, ainsi qu'un sable fin,
Étoilent vaguement leurs prunelles mystiques [1].

Si l'on en croit le feuilleton *le Chat Trott* de Champfleury, où ce sonnet de Baudelaire fut publié pour la première fois (*le Corsaire*, numéro du 14 novembre 1847), il aurait été déjà écrit au mois de mars 1840, et — contrairement aux affirma-

1. Baudelaire, *Œuvres complètes*. Texte établi et annoté par Y.-G. Le Dantec, édition révisée, complétée et présentée par Claude Pichois, Bibliothèque de la Pléiade, Paris, 1961, p. 63 s.

a. *L'Homme*, II, 1962, p. 5-21. Écrit en collaboration avec Claude Lévi-Strauss.

tions de certains exégètes — le texte du *Corsaire* et celui des *Fleurs du Mal* coïncident mot à mot.

Dans la répartition des rimes, le poète suit le schéma *aBBa CddC eeFgFg* (où les vers à rimes masculines sont symbolisés par des majuscules et les vers à rimes féminines par des minuscules). Cette chaîne de rimes se divise en trois groupes de vers, à savoir deux quatrains et un sizain composé de deux tercets, mais qui forment une certaine unité, puisque la disposition des rimes est régie dans les sonnets, ainsi que l'a fait voir Grammont, « par les mêmes règles que dans toute strophe de six vers [1] ».

Le groupement des rimes, dans le sonnet cité, est le corollaire de trois lois dissimilatrices : 1) deux rimes plates ne peuvent pas se suivre; 2) si deux vers contigus appartiennent à deux rimes différentes, l'une d'elles doit être féminine et l'autre masculine; 3) à la fin des strophes contiguës les vers féminins et masculins alternent : $_4$*sédentaires* - $_8$*fierté* - $_{14}$*mystiques*. Suivant le canon classique, les rimes dites féminines se terminent toujours par une syllabe muette et les rimes masculines par une syllabe pleine, mais la différence entre les deux classes de rimes persiste également dans la prononciation courante qui supprime l'*e* caduc de la syllabe finale, la dernière voyelle pleine étant suivie de consonnes dans toutes les rimes féminines du sonnet *(austères - sédentaires, ténèbres - funèbres, attitudes - solitudes, magiques - mystiques)*, tandis que toutes ses rimes masculines finissent en voyelles *(saison - maison, volupté - fierté, fin - fin)*.

Le rapport étroit entre le classement des rimes et le choix des catégories grammaticales met en relief le rôle important que jouent la grammaire ainsi que la rime dans la structure de ce sonnet.

1. M. Grammont, *Petit Traité de versification française*, Paris, 1908, p. 86.

Tous les vers finissent en des noms, soit substantifs (8), soit adjectifs (6). Tous ces substantifs sont au féminin. Le nom final est au pluriel dans les huit vers à rime féminine, qui tous sont plus longs, ou bien d'une syllabe dans la norme traditionnelle, ou bien d'une consonne post-vocalique dans la prononciation d'aujourd'hui, tandis que les vers plus brefs, ceux à rime masculine, se terminent dans les six cas par un nom au singulier.

Dans les deux quatrains, les rimes masculines sont formées par des substantifs et les rimes féminines par des adjectifs, à l'exception du mot clé $_6$*ténèbres* rimant avec $_7$*funèbres*. On reviendra plus loin sur le problème général du rapport entre les deux vers en question. Quant aux tercets, les trois vers du premier finissent tous par des substantifs, et ceux du deuxième par des adjectifs. Ainsi, la rime qui lie les deux tercets, la seule rime homonyme ($_{11}$*sans fin* - $_{13}$*sable fin)*, oppose au substantif du genre féminin un adjectif du genre masculin — et, parmi les rimes masculines du sonnet, c'est le seul adjectif et l'unique exemple du genre masculin.

Le sonnet comprend trois phrases complexes délimitées par un point, à savoir chacun des deux quatrains et l'ensemble des deux tercets. D'après le nombre des propositions indépendantes et des formes verbales personnelles, les trois phrases présentent une progression arithmétique : 1) un seul verbe conjugué *(aiment);* 2) deux *(cherchent, eût pris);* 3) trois *(prennent, sont, étoilent)*. D'autre part, dans leurs propositions subordonnées les trois phrases n'ont chacune qu'un seul verbe conjugué : 1) *qui... sont;* 2) *s'ils pouvaient;* 3) *qui semblent*.

La division ternaire du sonnet implique une antinomie entre les unités strophiques à deux rimes et à trois rimes. Elle est contrebalancée par une dichotomie qui partage la pièce en deux couples de strophes, c'est-à-dire en deux paires de quatrains et deux paires de tercets. Ce principe binaire, soutenu à son tour par l'organisation grammaticale du texte, implique lui aussi une antinomie, cette fois entre la première section à quatre rimes et la seconde à trois, et entre les deux premières subdivisions ou strophes de quatre vers et les deux dernières strophes de trois vers. C'est sur la tension entre ces deux modes d'agencement, et entre leurs éléments symétriques et dissymétriques que se base la composition de toute la pièce.

On observe un parallélisme syntactique net entre le couple des quatrains d'une part, et celui des tercets de l'autre. Le premier quatrain ainsi que le premier tercet comportent deux propositions dont la seconde — relative, et introduite dans les deux cas par le même pronom *qui* — embrasse le dernier vers de la strophe et s'attache à un substantif masculin au pluriel, lequel sert de complément dans la proposition principale ($_{3}$*Les chats*, $_{10}$*Des... sphinx*). Le deuxième quatrain (et également le deuxième tercet) contient deux propositions coordonnées dont la seconde, complexe à son tour, embrasse les deux derniers vers de la strophe (7-8 et 13-14) et comporte une proposition subordonnée, rattachée à la principale par une conjonction. Dans le quatrain, cette proposition est conditionnelle ($_{8}$*S'ils pouvaient*); celle du tercet est comparative ($_{13}$*ainsi qu'un*). La première est postposée, tandis que la seconde, incomplète, est une incise.

Dans le texte du *Corsaire* (1847), la ponctuation du sonnet correspond à cette division. Le premier tercet se termine par un point, ainsi que le premier quatrain. Dans le second tercet et dans le second quatrain, les deux derniers vers sont précédés d'un point-virgule.

L'aspect sémantique des sujets grammaticaux renforce ce parallélisme entre les deux quatrains d'une part, et entre les deux tercets de l'autre.

Les sujets du premier quatrain et du premier tercet ne dési-

I) *Quatrains*	II) *Tercets*
1. premier	1. premier
2. deuxième	2. deuxième

gnent que des êtres animés, tandis que l'un des deux sujets du deuxième quatrain, et tous les sujets grammaticaux du deuxième tercet, sont des substantifs inanimés : $_{7}$*L'Érèbe*, $_{12}$*Leurs reins*, $_{13}$*des parcelles*, $_{13}$*un sable*. En plus de ces correspondances pour ainsi dire horizontales, on observe une correspondance qu'on pourrait nommer verticale, et qui oppose l'ensemble des deux quatrains à l'ensemble des deux tercets. Tandis que tous les objets directs dans les deux tercets sont des substantifs inanimés *(*$_{9}$*les nobles attitudes*, $_{14}$*leurs prunelles)*, le seul objet direct du premier quatrain est un substantif animé *(*$_{3}$*Les chats)* et les objets du deuxième quatrain comprennent, à côté des substantifs inanimés *(*$_{6}$*le silence et l'horreur)*, le pronom *les*, qui se rapporte aux chats de la phrase précédente. Au point de vue du rapport entre le sujet et l'objet, le sonnet présente deux correspondances qu'on pourrait dire diagonales : une diagonale descendante unit les deux strophes extérieures (le quatrain initial et le tercet final) et les oppose à la diagonale ascendante qui, elle, lie les deux strophes intérieures. Dans les strophes extérieures, l'objet fait partie de la même classe sémantique que le sujet : ce sont des animés dans le premier quatrain *(amoureux, savants - chats)* et des inanimés dans le deuxième tercet *(reins, parcelles - prunelles)*. En revanche, dans les strophes intérieures, l'objet appartient à une classe opposée à celle du sujet : dans le premier tercet l'objet inanimé s'oppose au sujet animé *(ils* [= chats] *- attitudes)*, tandis que, dans le deuxième quatrain, le même rapport *(ils* [= chats] *- silence, horreur)* alterne avec celui de l'objet animé et du sujet inanimé *(Érèbe - les* [= chats]).

Ainsi, chacune des quatre strophes garde son individualité : le genre animé, qui est commun au sujet et à l'objet dans le premier quatrain, appartient uniquement au sujet dans le premier tercet; dans le deuxième quatrain, ce genre caractérise ou bien le sujet, ou bien l'objet; et, dans le deuxième tercet, ni l'un ni l'autre.

Le début et la fin du sonnet offrent plusieurs correspondances frappantes dans leur structure grammaticale. A la fin ainsi qu'au début, mais nulle part ailleurs, on trouve deux sujets avec un seul prédicat et un seul objet direct. Chacun de ces sujets, ainsi que l'objet, possède un déterminant *(Les amoureux fervents, les savants austères - Les chats puissants et doux; des parcelles d'or, un sable fin - leurs prunelles mystiques)*, et les deux prédicats, le premier et le dernier dans le sonnet, sont les seuls à être accompagnés d'adverbes, tous deux tirés d'adjectifs et liés l'un à l'autre par une rime assonancée : $_{2}$*Aiment également* - $_{14}$*Étoilent vaguement*. Le second prédicat du sonnet et l'avant-dernier sont les seuls à avoir une copule et un attribut, et dans les deux cas, cet attribut est mis en relief par une rime interne : $_{4}$Qui comme *eux* sont fril*eux;* $_{14}$Leurs *reins* féconds sont p*leins*. En général, les deux strophes extérieures sont les seules riches en adjectifs : neuf dans le quatrain et cinq dans le tercet, tandis que les deux strophes intérieures n'ont que trois adjectifs en tout *(funèbres, nobles, grands)*.

Comme nous l'avons déjà noté, c'est uniquement au début et à la fin du poème que les sujets font partie de la même classe que l'objet : l'un et l'autre appartiennent au genre animé dans le premier quatrain, et au genre inanimé dans le second tercet. Les êtres animés, leurs fonctions et leurs activités, dominent la strophe initiale. La première ligne ne contient que des adjectifs. Parmi ces adjectifs les deux formes substantivées qui servent de sujets —*Les amoureux* et *les savants*— laissent apparaître des racines verbales : le texte est inauguré par « ceux qui aiment » et par « ceux qui savent ». Dans la dernière ligne de la pièce, c'est le contraire; le verbe transitif *étoilent*, qui sert de prédicat, est dérivé d'un substantif. Ce dernier est apparenté à la série des appellatifs inanimés et concrets qui dominent ce tercet et le distinguent des trois strophes antérieures. On notera une nette homophonie entre ce verbe et des membres de la série en question : / *etɛ̃sɛlə* / - / *e d*e par*sɛlə* / - / *et*wa*lə* /. Finalement, les propositions subordonnées, que les deux strophes médianes contiennent dans leur dernier vers, renferment chacune un infinitif adverbal, et ces deux compléments d'objet sont les seuls infinitifs de tout le poème : $_{8}$*S'ils pouvaient... incliner;* $_{11}$*Qui semblent s'endormir*.

Comme nous l'avons vu, ni la scission dichotomique du sonnet, ni le partage en trois strophes, n'aboutissent à un équilibre des parties isométriques. Mais si l'on divisait les quatorze vers en deux parties égales, le septième vers terminerait la premièıe moitié de la pièce, et le huitième marquerait le début de la seconde. Or, il est significatif que ce soient ces deux vers moyens qui se distinguent le plus nettement, par leur constitution grammaticale, de tout le reste du poème.

Ainsi, à plusieurs égards, le poème se divise en trois parties : le couple moyen et deux groupes isométriques, c'est-à-dire les six vers qui précèdent et les six qui suivent le couple. On a donc une sorte de distique inséré entre deux sizains.

Toutes les formes personnelles des verbes et des pronoms, et tous les sujets des propositions verbales, sont au pluriel dans tout le sonnet, sauf dans le septième vers — *L'Érèbe les eût pris pour ses coursiers funèbres* — qui contient le seul nom propre du poème, et le seul cas où le verbe conjugué et son sujet sont tous les deux au singulier. En outre, c'est le seul vers où le pronom possessif *(ses)* renvoie au singulier.

La troisième personne est l'unique personne usitée dans le sonnet. L'unique temps verbal est le présent, sauf au septième et au huitième vers où le poète envisage une action imaginée *($_{7}$eût pris)* sortant d'une prémisse irréelle *($_{8}$S'ils pouvaient)*.

Le sonnet manifeste une tendance prononcée à pourvoir chaque verbe et chaque substantif d'un déterminant. Toute forme verbale est accompagnée d'un terme régi (substantif, pronom, infinitif), ou bien d'un attribut. Tous les verbes transitifs régissent uniquement des substantifs *($_{2\text{-}3}$Aiment... Les chats; $_{6}$cherchent le silence et l'horreur; $_{9}$prennent... les... attitudes; $_{14}$Étoilent... leurs prunelles)*. Le pronom qui sert d'objet dans le septième vers est la seule exception : *les eût pris*.

Sauf les compléments adnominaux qui ne sont jamais accompagnés d'aucun déterminant dans le sonnet, les substantifs (y compris les adjectifs substantivés) sont toujours déterminés par des épithètes (par ex. $_{3}$*chats puissants et doux)* ou par des compléments *($_{5}$Amis de la science et de la volupté)*. C'est encore dans le septième vers qu'on trouve l'unique exception : *L'Érèbe les eût pris*.

Toutes les cinq épithètes dans le premier quatrain *($_{1}$fervents, $_{1}$austères, $_{2}$mûre, $_{3}$puissants, $_{3}$doux)* et toutes les six dans les deux tercets *($_{9}$nobles, $_{10}$grands, $_{12}$féconds, $_{12}$magiques, $_{13}$fin, $_{14}$mystiques)* sont des adjectifs qualificatifs, tandis que le second quatrain n'a pas d'autre adjectif que l'épithète déterminative du septième vers *(coursiers funèbres)*.

C'est aussi ce vers qui renverse l'ordre animé-inanimé, gouvernant le rapport entre le sujet et l'objet dans les autres vers de ce quatrain, et qui reste, dans tout le sonnet, le seul à adopter l'ordre inanimé-animé.

On voit que plusieurs particularités frappantes distinguent uniquement le septième vers, ou bien uniquement les deux derniers vers du second quatrain. Cependant, il faut dire que la tendance à mettre en relief le distique médian du sonnet est en concurrence avec le principe de la trichotomie asymétrique — qui oppose le second quatrain entier au premier quatrain d'une part, et au sizain final de l'autre, et qui crée de cette manière une strophe centrale, distincte à plusieurs points de vue des strophes marginales. Ainsi, nous avons fait remarquer que le septième vers est le seul à mettre le sujet et le prédicat au singulier, mais cette observation peut être élargie : les vers du second quatrain sont les seuls qui mettent au singulier, ou bien le sujet, ou bien l'objet; et si, dans le septième vers, le singulier du sujet *(L'Érèbe)* s'oppose au pluriel de l'objet *(les)*, les vers voisins renversent ce rapport, en employant le pluriel pour le sujet, et le singulier pour l'objet *($_6$Ils cherchent le silence et l'horreur; $_8$S'ils pouvaient... incliner leur fierté)*. Dans les autres strophes l'objet et le sujet sont tous les deux au pluriel *($_{1\text{-}3}$Les amoureux... et les savants... Aiment... Les chats; $_9$Ils prennent... les... attitudes; $_{13\text{-}14}$Et des parcelles... Étoilent... leurs prunelles)*. On notera que, dans le second quatrain, le singulier du sujet et de l'objet coïncide avec l'inanimé, et le pluriel avec l'animé. L'importance des nombres grammaticaux pour Baudelaire devient particulièrement notable, en raison du rôle que leur opposition joue dans les rimes du sonnet.

Ajoutons que, par leur structure, les rimes du second quatrain se distinguent de toutes les autres rimes de la pièce. Parmi les rimes féminines celle du second quatrain, *ténèbres* - *funèbres*, est la seule qui confronte deux parties du discours différentes. En outre, toutes les rimes du sonnet, sauf celles du quatrain en question, présentent un ou plusieurs phonèmes identiques qui précèdent, immédiatement ou à quelque distance, la syllabe tonique, d'ordinaire munie d'une consonne d'appui : $_1$*s*av*ants* au*stères* - $_4$*s*éden*taires*, $_2$*m*ûre *saison* - $_3$*maison*, $_9$att*itudes* - $_{10}$sol*itudes*, $_{11}$*un* rêve *s*ans *fin* - $_{13}$*un sa*ble *fin*, $_{12}$étinc*elles m*agi*ques* - $_{14}$prun*elles my*sti*ques*. Dans le deuxième quatrain, ni le couple $_5$volup*té* - $_8$fier*té*, ni $_6$té*nèbres*

- $_7$fu*nèbres*, n'offrent aucune responsion dans les syllabes antérieures à la rime propre. D'autre part, les mots finaux du septième et du huitième vers allitèrent : $_7$*f*unèbres - $_8$*f*ierté, et le sixième vers se trouve lié au cinquième : $_6$*té*nèbres répète la dernière syllabe de $_5$volup*té* et une rime interne — $_5$*science* - $_6$*silence* — renforce l'affinité entre les deux vers. Ainsi, les rimes elles-mêmes attestent un certain relâchement de la liaison entre les deux moitiés du second quatrain.

Ce sont les voyelles nasales qui jouent un rôle saillant dans la texture phonique du sonnet. Ces voyelles « comme voilées par la nasalité », suivant l'expression heureuse de Grammont [1], sont d'une haute fréquence dans le premier quatrain (9 nasales, de deux à trois par ligne) et surtout dans le sizain final (21 nasales, avec une tendance montante le long du premier tercet — $_9$3 - $_{10}$4 - $_{11}$6 : « Qui *sem*blent s'*en*dormir d*ans* *un* rêve s*ans* f*in* — et avec une tendance descendante le long du second — $_{12}$5 - $_{13}$3 - $_{14}$1). En revanche, le second quatrain n'en a que trois : une par vers, sauf au septième, l'unique vers du sonnet sans voyelles nasales; et ce quatrain est l'unique strophe dont la rime masculine n'a pas de voyelle nasale. D'autre part, dans le second quatrain, le rôle de dominante phonique passe des voyelles aux phonèmes consonantiques, en particulier aux liquides. Seul le second quatrain montre un excédent de phonèmes liquides, à savoir 23, contre 15 au premier quatrain, 11 au premier tercet, et 14 au second. Le nombre des /r/ est identique à celui des /l/ dans les quatrains (19), mais légèrement inférieur dans les tercets. Le septième vers, qui n'a que deux /l/ contient cinq /r/, c'est-à-dire plus que ne compte aucun autre vers du sonnet : L'É*r*èbe les eût p*r*is pou*r* ses cou*r*siers funèb*r*es. On se rappellera que, selon Grammont, c'est par opposition à /r/ que /l/ « donne l'impression d'un son qui n'est ni grin-

1. M. Grammont, *Traité de phonétique*, Paris, 1930, p. 384.

çant, ni raclant, ni raboteux, mais au contraire qui file, qui coule,... qui est limpide [1]».

Le caractère abrupt de tout /r/ et particulièrement du r français, par rapport au *glissando* du /l/ ressort nettement de l'analyse acoustique de ces phonèmes dans l'étude récente de Mlle Durand [2], et le recul des /r/ devant les /l/ semble accompagner le passage du félin empirique à ses transfigurations fabuleuses.

Les six premiers vers du sonnet sont unis par un trait réitératif : une paire symétrique de termes coordonnés, liés par la même conjonction *et* : $_1$*Les amoureux fervents et les savants austères;* $_3$*Les chats puissants et doux;* $_4$*Qui comme eux sont frileux et comme eux sédentaires;* $_5$*Amis de la science et de la volupté*, binarisme des déterminants, formant un chiasme avec le binarisme des déterminés dans le vers suivant — $_6$*le silence et l'horreur des ténèbres* — qui met fin à ces constructions binaires. Cette construction commune à presque tous les vers de ce « sizain » ne réapparaît plus à la suite. Les juxtaposés sans conjonction sont une variation sur le même schème : $_2$*Aiment également*, *dans leur mûre saison* (compléments circonstanciels parallèles); $_3$*Les chats...*, *orgueil...* (substantif apposé à un autre).

Ces paires de termes coordonnés et les rimes (non seulement extérieures et soulignant des rapports sémantiques, telles que $_1$*austères* - $_4$*sédentaires*, $_2$*saison* - $_3$*maison*, mais aussi et surtout intérieures), servent à cimenter les vers de cette introduction : $_1$*amoureux* - $_4$*comme eux* - $_4$*frileux* - $_4$*comme eux;* $_1$*fervents* - $_1$*savants* -$_2$*également* - $_2$*dans* - $_3$*puissants;* $_5$*science* - $_6$*silence.* Ainsi tous les adjectifs caractérisant les personnages du premier quatrain deviennent des mots rimants, à une seule exception : $_3$*doux*. Une double figure

1. *Traité de phonétique*, p. 388.
2. M. Durand, « La spécificité du phonème. Application au cas de R/L », *Journal de Psychologie*, LVII, 1960, p. 405-419.

étymologique liant les débuts de trois vers — $_1$*Les amoureux* - $_2$*Aiment* - $_5$*Amis* — concourt à l'unification de cette « simili-strophe » à six vers, qui commence et finit par un couple de vers dont les premiers hémistiches riment entre eux : $_1$*fervents* - $_2$*également;* $_5$*science* - $_6$*silence.*

$_3$*Les chats*, objet direct de la proposition qui embrasse les trois premiers vers du sonnet, devient le sujet sous-entendu dans les propositions des trois vers suivants *(*$_4$*Qui comme eux sont frileux;* $_6$*Ils cherchent le silence)*, en nous laissant voir l'ébauche d'une division de ce quasi-sizain en deux quasi-tercets. Le « distique » moyen récapitule la métamorphose des chats : d'objet (cette fois-ci sous-entendu) au septième vers *(L'Érèbe les eût pris)*, en sujet grammatical, également sous-entendu, au huitième vers *(S'ils pouvaient)*. A cet égard le huitième vers se raccroche à la phrase suivante *(*$_9$*Ils prennent)*.

En général, les propositions subordonnées postposées forment une sorte de transition entre la proposition subordonnante et la phrase qui suit. Ainsi, le sujet sous-entendu « chats » du neuvième et du dixième vers fait place à un renvoi à la métaphore « sphinx » dans la proposition relative du onzième vers *(Qui semblent s'endormir dans un rêve sans fin)* et, par conséquent, rapproche ce vers des tropes servant de sujets grammaticaux dans le tercet final. L'article indéfini, complètement étranger aux dix premiers vers avec leurs quatorze articles définis, est le seul admis dans les quatre derniers vers du sonnet.

Ainsi, grâce aux renvois ambigus des deux propositions relatives, celle du onzième et celle du quatrième vers, les quatre vers de clôture nous permettent d'entrevoir le contour d'un quatrain imaginaire qui « fait semblant » de correspondre au véritable quatrain initial du sonnet. D'autre part, le tercet final a une structure formelle qui semble reflétée dans les trois premières lignes du sonnet.

Le sujet animé n'est jamais exprimé par un substantif, mais plutôt par des adjectifs substantivés dans la première ligne du sonnet *(Les amoureux, les savants)* et par des pronoms personnels ou relatifs dans les propositions ultérieures. Les êtres humains n'apparaissent que dans la première proposition, où le double sujet les désigne à l'aide des adjectifs verbaux substantivés.

Les chats, nommés dans le titre du sonnet, ne figurent en nom dans le texte qu'une seule fois — dans la première proposition, où ils servent d'objet direct : $_{1}$*Les amoureux... et les savants...* $_{2}$*Aiment...* $_{3}$*Les chats.* Non seulement le mot « chats » ne réapparaît plus au cours du poème, mais même la chuintante initiale /ʃ/ ne revient que dans un seul mot : $_{6}$/ilʃɛrʃə / . Elle désigne, avec redoublement, la première action des félins. Cette chuintante sourde, associée au nom des héros du sonnet, est soigneusement évitée par la suite.

Dès le troisième vers, les chats deviennent un sujet sous-entendu, qui est le dernier sujet animé du sonnet. Le substantif *chats* dans les rôles de sujet, d'objet, et de complément adnominal, est remplacé par les pronoms anaphoriques $_{6,8,9}$*ils*, $_{7}$*les*, / $_{8,12,14}$ *leur(s);* et ce n'est qu'aux chats que se rapportent les substantifs pronominaux *ils* et *les*. Ces formes accessoires (adverbales) se rencontrent uniquement dans les deux strophes intérieures, dans le second quatrain et dans le premier tercet. Dans le quatrain initial c'est la forme autonome $_{4}$*eux* (bis) qui leur correspond, et elle ne se rapporte qu'aux personnages humains du sonnet, tandis que le dernier tercet ne contient aucun substantif pronominal.

Les deux sujets de la proposition initiale du sonnet ont un seul prédicat et un seul objet; c'est ainsi que $_{1}$*Les amoureux fervents et les savants austères* finissent, $_{2}$*dans leur mûre saison*, par trouver leur identité dans un être intermédiaire, l'animal qui englobe les traits antinomiques de deux conditions, humaines mais opposées. Les deux catégories humaines s'opposent comme : sensuel/intellectuel, et la médiation se fait par les chats. Dès lors, le rôle de sujet est implicitement assumé par les chats, qui sont à la fois savants et amoureux.

Les deux quatrains présentent objectivement le personnage du chat, tandis que les deux tercets opèrent sa transfiguration. Cependant, le second quatrain diffère fondamentalement du premier et, en général, de toutes les autres strophes. La formulation équivoque : *ils cherchent le silence et l'horreur des ténèbres* donne lieu à une méprise évoquée dans le septième vers du sonnet, et dénoncée dans le vers suivant. Le caractère aberrant de ce quatrain, surtout l'écart de sa dernière moitié et du septième vers en particulier, est accentué par les traits distinctifs de sa texture grammaticale et phonique.

L'affinité sémantique entre *L'Érèbe* (« région ténébreuse confinant à l'Enfer », substitut métonymique pour « les puissances des ténèbres » et particulièrement pour *Érèbe*, « frère de la Nuit ») et le penchant des chats pour *l'horreur des ténèbres*, corroborée par la similarité phonique entre /tenɛbrə / et /erɛbə/ a failli associer les chats, héros du poème, à la besogne horrifique des *coursiers funèbres*. Dans le vers insinuant que *L'Érèbe les eût pris pour ses coursiers*, s'agit-il d'un désir frustré, ou d'une fausse reconnaissance? La signification de ce passage, sur laquelle les critiques se sont interrogés[1], reste à dessein ambiguë.

Chacun des quatrains et des tercets cherche pour les chats une nouvelle identification. Mais, si le premier quatrain a lié les chats à deux types de condition humaine, grâce à leur fierté ils parviennent à rejeter la nouvelle identification tentée dans le deuxième quatrain, qui les associe à une condition

1. Cf. *L'Intermédiaire des chercheurs et des curieux* LXVII, col. 338 et 509.

animale : celle de coursiers placés dans un cadre mythologique. Au cours de toute la pièce, c'est l'unique équivalence rejetée. La composition grammaticale de ce passage, qui contraste nettement avec celle des autres strophes, trahit son caractère insolite : mode irréel, manque d'épithètes qualificatives, un sujet inanimé au singulier, dépourvu de tout déterminant, et régissant un objet animé au pluriel.

Des oxymores allusifs unissent les strophes. $_{8}$*S'ils pouvaient au servage incliner leur fierté*, — mais ils ne « peuvent » pas le faire, parce qu'ils sont véritablement $_{3}$*puissants*. Ils ne peuvent pas être passivement $_{7}$*pris* pour jouer un rôle actif, et voici qu'activement ils $_{9}$*prennent* eux-mêmes un rôle passif, parce qu'ils sont obstinément sédentaires.

$_{8}$*Leur fierté* les prédestine aux $_{9}$*nobles attitudes* $_{10}$*Des grands sphinx*. Les $_{10}$*sphinx allongés* et les chats qui les miment $_{9}$*en songeant* se trouvent unis par un lien paronomastique entre les deux participes, seules formes participiales du sonnet : /ãsɔ̃žã/ et /alɔ̃že/. Les chats paraissent s'identifier aux sphinx qui, à leur tour, $_{11}$*semblent s'endormir*, mais la comparaison illusoire, assimilant les chats sédentaires (et implicitement tous ceux qui sont $_{4}$*comme eux*) à l'immobilité des êtres surnaturels, gagne la valeur d'une métamorphose. Les chats et les êtres humains qui leur sont identifiés se rejoignent dans les monstres fabuleux à tête humaine et à corps de bête. Ainsi, l'identification rejetée se trouve remplacée par une nouvelle identification, également mythologique.

$_{9}$*En songeant*, les chats parviennent à s'identifier aux $_{10}$*grands sphinx*, et une chaîne de paronomases, liées à ces mots clés et combinant des voyelles nasales avec les constrictives dentales et labiales, renforce la métamorphose : $_{9}$*en songeant* /ãsõ../ - $_{10}$*grands sphinx* /...ãsfɛ̃../ - $_{10}$*fond* /fõ/ - $_{11}$*semblent* /sã.../ - $_{11}$*s'endormir* /sã....../ - $_{11}$*dans un* /.ãzœ̃/ - $_{11}$*sans fin* /sãfɛ̃/. La nasale aiguë /ɛ̃/ et les autres phonèmes du mot $_{10}$*sphinx* /sfɛ̃ks/ continuent dans le dernier tercet : $_{12}$*reins* /.ɛ̃/ - $_{12}$*pleins* /..ɛ̃/ - $_{12}$*étincelles* /..ɛ̃s.../ - $_{13}$*ainsi* /ɛ̃s/ - $_{13}$*qu'un sable* /kœ̃s.../.

On a lu dans le premier quatrain : $_{3}$*Les chats puissants et doux, orgueil de la maison.* Faut-il entendre que les chats, fiers de leur domicile, sont l'incarnation de cet orgueil, ou bien est-ce la maison, orgueilleuse de ses habitants félins, qui comme l'Érèbe tient à les domestiquer? Quoi qu'il en soit, la $_{3}$*maison* qui circonscrit les chats dans le premier quatrain se transforme en un désert spacieux, $_{10}$*fond des solitudes*, et la peur du froid, rapprochant les chats $_{4}$*frileux* et les amoureux $_{1}$*fervents* (notez la paronomasie /fɛrvɑ̃/ -/frilø/) trouve un climat approprié dans les solitudes austères (comme sont les savants) du désert torride (à l'instar des amoureux fervents) entourant les sphinx. Sur le plan temporel, la $_{2}$*mûre saison*, qui rimait avec $_{3}$*la maison* dans le premier quatrain et se rapprochait d'elle par la signification, a trouvé une contrepartie nette dans le premier tercet : ces deux groupes visiblement parallèles ($_{2}$*dans leur mûre saison* et $_{11}$*dans un rêve sans fin*) s'opposent mutuellement, l'un évoquant les jours comptés et l'autre, l'éternité. Ailleurs dans le sonnet, il n'y a plus de constructions, ni avec *dans*, ni avec aucune autre préposition adverbiale.

Le miracle des chats domine les deux tercets. La métamorphose se déroule jusqu'à la fin du sonnet. Si, dans le premier tercet, l'image des sphinx allongés dans le désert vacillait déjà entre la créature et son simulacre, dans le tercet suivant les êtres animés s'effacent derrière des parcelles de matière. Les synecdoques remplacent les chats-sphinx par des parties de leur corps : $_{12}$*leurs reins*, $_{14}$*leurs prunelles*. Le sujet sous-entendu des strophes intérieures redevient complément dans le dernier tercet : les chats apparaissent d'abord comme un complément implicite du sujet — $_{12}$*Leurs reins féconds sont pleins* —, puis, dans la dernière proposition du poème, ce n'est plus qu'un complément implicite de l'objet : $_{14}$*Étoilent vaguement leurs prunelles*. Les chats se trouvent donc liés à l'objet du verbe transitif dans la dernière proposition du sonnet, et au sujet dans l'avant-dernière qui est une proposition attributive. Ainsi s'établit une double correspondance, dans un cas avec les chats, objet direct de la première proposition du sonnet, et, dans l'autre cas, avec les chats — sujet de la seconde proposition, attributive elle aussi.

Si, au début du sonnet, le sujet et l'objet étaient également de la classe de l'animé, les deux termes de la proposition finale appartiennent tous les deux à la classe de l'inanimé. En général, tous les substantifs du dernier tercet sont des noms concrets de cette classe : $_{12}$*reins*, $_{12}$*étincelles*, $_{13}$*parcelles*, $_{13}$*or*, $_{13}$*sable*, $_{14}$*prunelles*, tandis que dans les strophes antérieures, tous les appellatifs inanimés, dans les adnominaux, étaient des noms abstraits : $_{2}$*saison*, $_{2}$*orgueil*, $_{6}$*silence*, $_{6}$*horreur*, $_{8}$*servage*, $_{8}$*fierté*, $_{9}$*attitudes*, $_{11}$*rêve*. Le genre féminin inanimé, commun au sujet et à l'objet de la proposition finale — $_{13\text{-}14}$*des parcelles d'or... Étoilent... leurs prunelles* — contrebalance le sujet et l'objet de la proposition initiale, tous les deux au masculin animé — $_{1\text{-}3}$*Les amoureux... et les savants... Aiment... Les chats*. Dans tout le sonnet $_{13}$*parcelles* est l'unique sujet au féminin, et il contraste avec le masculin à la fin du même vers, $_{13}$*sable fin*, qui, lui, est le seul exemple du genre masculin dans les rimes masculines du sonnet.

Dans le dernier tercet, les parcelles ultimes de matière prennent tour à tour la place de l'objet et du sujet. Ce sont ces parcelles incandescentes qu'une nouvelle identification, la dernière du sonnet, associe avec le $_{13}$*sable fin* et transforme en étoiles.

La rime remarquable qui lie les deux tercets est l'unique rime homonyme de tout le sonnet et la seule, parmi ses rimes masculines, qui juxtapose des parties de discours différentes. Il y a une certaine symétrie syntactique entre les deux mots qui riment, puisque tous les deux terminent des propositions subordonnées, l'une complète et l'autre elliptique. La responsion, loin de se borner à la dernière syllabe du vers, rapproche étroitement les lignes tout entières : $_{11}$*sãblə sãdɔr*mir dãnzœ̃ rɛvə *sã f*ɛ̃/ - $_{13}$/par*sɛlə dɔr* ɛ̃si kœ̃ *sablə f*ɛ̃/. Ce n'est pas par hasard que précisément cette rime, unissant les deux tercets, évoque *un sable fin* en reprenant ainsi le motif du désert, où le premier tercet a placé *un rêve sans fin* des grands sphinx.

$_{2}$*La maison*, circonscrivant les chats dans le premier quatrain, s'abolit dans le premier tercet où règnent les solitudes désertiques, véritable maison à l'envers des chats-sphinx. A son tour, cette « non-maison » fait place à la multitude cosmique des chats (ceux-ci, comme tous les personnages du sonnet, sont traités comme des *pluralia tantum*). Ils deviennent, si l'on peut dire, la maison de la non-maison, puisqu'ils renferment, dans leurs prunelles, le sable des déserts et la lumière des étoiles.

L'épilogue reprend le thème initial des amoureux et des savants unis dans *Les chats puissants et doux*. Le premier vers du second tercet semble donner une réponse au vers initial du second quatrain. Les chats étant $_{5}$*Amis... de la volupté*, $_{12}$ *Leurs reins féconds sont pleins*. On est tenté de croire qu'il s'agit de la force procréatrice, mais l'œuvre de Baudelaire accueille volontiers les solutions ambiguës. S'agit-il d'une puissance propre aux reins, ou d'étincelles électriques dans le poil de l'animal? Quoi qu'il en soit, un pouvoir *magique* leur est attribué. Mais le second quatrain s'ouvrait par deux compléments coordonnés : $_{5}$*Amis de la science et de la volupté*, et le tercet final se rapporte, non seulement aux $_{1}$*amoureux fervents*, mais également aux $_{1}$*savants austères*.

Le dernier tercet fait rimer ses suffixes pour accentuer le rapport sémantique étroit entre les $_{12}$*étincelles*, $_{13}$*parcelles d'or* et $_{14}$*prunelles* des chats-sphinx d'une part, et d'autre part, entre les étincelles $_{12}$*magiques* émanant de l'animal et ses prunelles $_{14}$*mystiques* éclairées d'une lumière interne, et ouvertes au sens caché. Comme pour mettre à nu l'équivalence des morphèmes, cette rime, seule dans le sonnet, se trouve dépourvue de la consonne d'appui, et l'allitération des /m/ initiaux juxtapose les deux adjectifs. $_{6}$*L'horreur des ténèbres* se dissipe sous cette double luminescence. Cette lumière est reflétée sur le plan phonique par la prédominance des phonèmes au timbre clair dans le vocalisme nasal de la strophe finale (7 palataux contre 6 vélaires), tandis que dans les strophes antérieures, ce sont les vélaires qui ont manifesté une grande supériorité numérique (16 contre 0 dans le premier quatrain, 2 contre 1 dans le second, et 10 contre 5 dans le premier tercet).

Avec la prépondérance des synecdoques à la fin du sonnet, qui substituent les parties au tout de l'animal et, d'autre part, le tout de l'univers à l'animal qui en fait partie, les images cherchent, comme à dessein, à se perdre dans l'imprécision. L'article défini cède à l'indéfini, et la désignation que donne le poète à sa métaphore verbale — $_{14}$*Étoilent vaguement* — reflète à merveille la poétique de l'épilogue. La conformité entre les tercets et les quatrains correspondants (parallélisme horizontal) est frappante. Si, aux limites étroites dans l'espace *(*$_{3}$*maison)* et dans le temps *(*$_{2}$*mûre saison)*, imposées par le premier quatrain, le premier tercet répond par l'éloignement ou la suppression des bornes *(*$_{10}$*fond des solitudes,* $_{11}$*rêve sans fin)*, de même, dans le second tercet, la magie des lumières irradiées par les chats triomphe de $_{6}$*l'horreur des ténèbres*, dans le second quatrain avait failli tirer des conséquences trompeuses.

En rassemblant maintenant les pièces de notre analyse, tâchons de montrer comment les différents niveaux auxquels on s'est placé se recoupent, se complètent ou se combinent, donnant ainsi au poème le caractère d'un objet absolu.

D'abord les divisions du texte. On peut en distinguer plusieurs, qui sont parfaitement nettes, tant du point de vue grammatical que de celui des rapports sémantiques entre les diverses parties du poème.

Comme on l'a déjà signalé, une première division correspond aux trois parties qui se terminent chacune par un point, à savoir, les deux quatrains et l'ensemble des deux tercets. Le premier quatrain expose, sous forme de tableau objectif et statique, une situation de fait ou admise pour telle. Le deuxième attribue aux chats une intention interprétée par les puissances de l'Érèbe, et, aux puissances de l'Érèbe, une intention sur les chats repoussée par ceux-ci. Ces deux parties envisagent donc les chats du dehors, l'une dans la passivité à laquelle sont surtout sensibles les amoureux et les savants, l'autre dans l'activité perçue par les puissances de l'Érèbe. En revanche, la dernière partie surmonte cette opposition en reconnaissant aux chats une passivité activement assumée, et interprétée non plus du dehors, mais du dedans.

Une seconde division permet d'opposer l'ensemble des deux tercets à l'ensemble des deux quatrains, tout en faisant apparaître une relation étroite entre le premier quatrain et le premier tercet, et entre le second quatrain et le second tercet. En effet :

1. L'ensemble des deux quatrains s'oppose à l'ensemble des deux tercets, en ce sens que ces derniers éliminent le point de vue de l'observateur *(amoureux, savants, puissance de l'Érèbe)*, et situent l'être des chats en dehors de toutes limites spatiales et temporelles.

2. Le premier quatrain introduisait ces limites spatio-temporelles *(maison, saison)*; le premier tercet les abolit *(au fond des solitudes, rêve sans fin)*.

3. Le second quatrain définit les chats en fonction des ténèbres où ils se placent, le second tercet en fonction de la lumière qu'ils irradient *(étincelles, étoiles)*.

Enfin, une troisième division se surajoute à la précédente, en regroupant, cette fois dans un chiasme, d'une part le quatrain initial et le tercet final, et d'autre part les strophes internes : second quatrain et premier tercet : dans le premier groupe, les propositions indépendantes assignent aux chats la fonction de complément, tandis que les deux autres strophes, dès leur début, assignent aux chats la fonction de sujet.

Or, ces phénomènes de distribution formelle ont un fondement sémantique. Le point de départ du premier quatrain est fourni par le voisinage, dans la même maison, des chats avec les savants ou les amoureux. Une double ressemblance découle de cette contiguïté *(comme eux, comme eux)*. Dans le tercet final aussi, une relation de contiguïté évolue jusqu'à la ressemblance : mais, tandis que dans le premier quatrain, le rapport métonymique des habitants félins et humains de la maison fonde leur rapport métaphorique, dans le dernier tercet, cette situation se trouve, en quelque sorte, intériorisée : le rapport de contiguïté relève de la synecdoque plutôt que de la métonymie propre. Les parties du corps du chat *(reins, prunelles)* préparent une évocation métaphorique du chat astral et cosmique, qui s'accompagne du passage de la précision à l'imprécision *(également - vaguement)*. Entre les strophes intérieures, l'analogie repose sur des rapports d'équivalence, l'un rejeté par le deuxième quatrain (chats et *coursiers funèbres*), l'autre accepté par le premier tercet (chats et *sphinx*), ce qui amène, dans le premier cas, à un refus de contiguïté (entre les chats et l'Érèbe) et, dans le second, à l'établissement des chats *au fond des solitudes*. On voit donc qu'à l'inverse du cas précédent, le passage se fait d'une relation d'équivalence, forme renforcée de la ressemblance (donc une démarche métaphorique) à des relations de contiguïté (donc métonymiques) soit négatives, soit positives.

Jusqu'à présent, le poème nous est apparu formé de systèmes d'équivalences qui s'emboîtent les uns dans les autres, et qui offrent dans leur ensemble l'aspect d'un système clos. Il nous reste à envisager un dernier aspect, sous lequel le poème apparaît comme système ouvert, en progression dynamique du début à la fin.

On se souvient que, dans la première partie de ce travail, on avait mis en lumière une division du poème en deux sizains, séparés par un distique dont la structure contrastait vigoureusement avec le reste. Or, au cours de notre récapitulation, nous avions provisoirement laissé cette division de côté. C'est qu'à la différence des autres, elle nous semble marquer les étapes d'une progression, de l'ordre du réel (premier sizain) à celui du surréel (deuxième sizain). Ce passage s'opère à travers le distique, qui, pour un bref instant et par l'accumulation de procédés sémantiques et formels, entraîne le lecteur dans un univers doublement irréel, puisqu'il partage avec le premier sizain le caractère d'extériorité, tout en devançant la résonance mythologique du second sizain :

vers 1 à 6	vers 7 et 8	vers 9 à 14
extrinsèque		intrinsèque
empirique	mythologique	
réel	*irréel*	*surréel*

Par cette brusque oscillation, et de ton, et de thème, le distique remplit une fonction, qui n'est pas sans évoquer celle d'une modulation dans une composition musicale.

Le but de cette modulation est de résoudre l'opposition implicite ou explicite depuis le début du poème, entre démarche métaphorique et démarche métonymique. La solution apportée par le sizain final consiste à transférer cette opposition au sein même de la métonymie, tout en l'exprimant par des moyens métaphoriques. En effet, chacun des deux tercets propose des chats une image inversée. Dans le premier tercet, les chats primitivement enclos dans la maison en sont, si l'on peut dire, extravasés pour s'épanouir spatialement et temporellement dans les déserts infinis et le rêve sans fin. Le mouvement va du dedans vers le dehors, des chats reclus vers les chats en liberté. Dans le second tercet, la suppression des frontières se trouve intériorisée par les chats atteignant des proportions cosmiques, puisqu'ils recèlent dans certaines parties de leur corps *(reins* et *prunelles)* le sable du désert et les étoiles du ciel. Dans les deux cas, la transformation s'opère à l'aide de procédés métaphoriques. Mais les deux transformations ne sont pas exactement en équilibre : la première tient encore de l'apparence *(prennent... les ... attitudes ... qui semblent s'endormir.)* et du rêve *(en songeant ... dans un rêve ...)*, tandis que la seconde clôt véritablement la démarche par son caractère affirmatif *(sont pleins... Étoilent)*. Dans la première, les chats ferment les yeux pour s'endormir, ils les tiennent ouverts dans la seconde.

Pourtant, ces amples métaphores du sizain final ne font que transposer, à l'échelle de l'univers, une opposition qui était déjà implicitement formulée dans le premier vers du poème. Les « amoureux » et les « savants » assemblent respectivement des termes qui se trouvent entre eux dans un rapport contracté ou dilaté : l'homme amoureux est conjoint à la femme, comme le savant l'est à l'univers; soit deux types de conjonction, l'une rapprochée, l'autre éloignée [1]. C'est

1. M. E. Benveniste, qui a bien voulu lire cette étude en manuscrit, nous a fait observer qu'entre « les amoureux fervents » et « les savants austères », la « mûre saison » joue aussi le rôle de terme médiateur : c'est, en effet, dans leur « mûre saison » qu'ils se rejoignent pour s'iden-

le même rapport qu'évoquent les transfigurations finales : dilatation des chats dans le temps et l'espace, constriction du temps et de l'espace dans la personne des chats. Mais, ici encore et comme nous l'avons déjà remarqué, la symétrie n'est pas complète entre les deux formules : la dernière rassemble en son sein toutes les oppositions : les reins féconds rappellent la *volupté* des amoureux, comme les prunelles, la *science* des savants; *magiques* se réfère à la ferveur active des uns, *mystiques* à l'attitude contemplative des autres.

Deux remarques pour terminer.

Le fait que tous les sujets grammaticaux du sonnet (à l'exception du nom propre *L'Érèbe*) soient au pluriel, et que toutes les rimes féminines soient formées avec des pluriels (y compris le substantif *solitudes*), est curieusement éclairé (comme d'ailleurs l'ensemble du sonnet) par quelques passages de *Foules* : « Multitude, solitude : termes égaux et convertibles par le poète actif et fécond... Le poète jouit de cet incomparable privilège, qu'il peut à sa guise être lui-même et autrui... Ce que les hommes nomment amour est bien petit, bien restreint, et bien faible, comparé à cette ineffable orgie, à cette sainte prostitution de l'âme qui se donne tout entière, poésie et charité, à l'imprévu qui se montre, à l'inconnu qui passe [1]. »

---

tifier, « également », aux chats. Car, poursuit M. Benveniste, rester « amoureux fervents » jusque dans la « mûre saison » signifie déjà qu'on est hors de la vie commune, tout comme sont les « savants austères » par vocation : la situation initiale du sonnet est celle de la vie hors du monde (néanmoins la vie souterraine est refusée), et elle se développe, transférée aux chats, de la réclusion frileuse vers les grandes solitudes étoilées où science et volupté sont rêve sans fin.

A l'appui de ces remarques, dont nous remercions leur auteur, on peut citer certaines formules d'un autre poème des *Fleurs du Mal* : « Le savant amour... fruit d'automne aux saveurs souveraines » (L'Amour du mensonge).

1. Ch. Baudelaire, *Œuvres*, t. II, Bibliothèque de la Pléiade, Paris, 1961, p. 243 s.

Dans le sonnet de Baudelaire, les chats sont initialement qualifiés de *puissants et doux* et le vers final rapproche leurs prunelles des étoiles. Crépet et Blin [1] renvoient à un vers de Sainte-Beuve : « ... l'astre puissant et doux » (1829), et retrouvent les mêmes épithètes dans un poème de Brizeux (1832) où les femmes sont ainsi apostrophées : « Êtres deux fois doués! Êtres puissants et doux! »

Cela confirmerait, s'il en était besoin, que pour Baudelaire, l'image du chat est étroitement liée à celle de la femme, comme le montrent d'ailleurs explicitement les deux poèmes du même recueil intitulés « Le Chat », à savoir le sonnet : « Viens, mon beau chat, sur mon cœur amoureux » (qui contient le vers révélateur : « Je vois ma femme en esprit... ») et le poème « Dans ma cervelle se promène... Un beau chat, fort, doux... » (qui pose carrément la question, « est-il fée, est-il dieu? »). Ce motif de vacillation entre mâle et femelle est sous-jacent dans « Les Chats », où il transparaît sous des ambiguïtés intentionnelles *(Les amoureux... Aiment... Les chats puissants et doux...; Leurs reins féconds...)*. Michel Butor note avec raison que, chez Baudelaire « ces deux aspects : féminité, supervirilité, bien loin de s'exclure, se lient [2] ». Tous les personnages du sonnet sont du genre masculin, mais *les chats* et leur *alter ego les grands sphinx*, participent d'une nature androgyne. La même ambiguïté est soulignée, tout au long du sonnet, par le choix paradoxal de substantifs féminins comme rimes dites masculines [3]. De la constel-

1. Ch. Baudelaire, *Les Fleurs du Mal*. Édition critique établie par J. Crépet et G. Blin, Paris, 1942, p. 413.

2. M. Butor, *Histoire extraordinaire, essai sur un rêve de Baudelaire*, Paris, 1961, p. 85.

3. Dans la plaquette de L. Rudrauf, *Rime et Sexe*, Tartu, 1936, l'exposé d'une « théorie de l'alternance des rimes masculines et féminines dans la poésie française » est « suivi d'une controverse » avec Maurice Grammont (p. 47 s.). Selon ce dernier, « pour l'alternance établie au XVIe siècle et reposant sur la présence ou l'absence d'un *e*

lation initiale du poème, formée par les amoureux et les savants, les chats permettent, par leur médiation, d'éliminer la femme, laissant face à face — sinon même confondus — « le poète des Chats », libéré de l'amour « bien restreint », et l'univers, délivré de l'austérité du savant.

---

inaccentué à la fin du mot, on s'est servi des termes rimes *féminines* et rimes *masculines*, parce que l'*e* inaccentué à la fin d'un mot était, dans la grande majorité des cas, la marque du féminin : un petit chat/une petite chatte ». On pourrait plutôt dire que la désinence spécifique du féminin l'opposant au masculin contenait toujours « l'*e* inaccentué ». Or, Rudrauf exprime certains doutes : « Mais est-ce uniquement la considération grammaticale qui a guidé les poètes du XVIe siècle dans l'établissement de la règle d'alternance et dans le choix des épithètes « masculines » et « féminines » pour désigner les deux sortes de rimes? N'oublions pas que les poètes de la Pléiade écrivaient leurs strophes en vue du chant, et que le chant accentue, bien plus que la diction parlée, l'alternance d'une syllabe forte (masculine) et d'une syllabe faible (féminine). Plus ou moins consciemment, le point de vue musical et le point de vue sexuel doivent avoir joué un rôle à côté de l'analogie grammaticale... » (p. 49).

Étant donné que cette alternance des rimes reposant sur la présence ou l'absence d'un *e* inaccentué à la fin des vers a cessé d'être réelle, Grammont la voit céder sa place à une alternance des rimes finissant par une consonne ou par une voyelle accentuée. Tout en étant prêt à reconnaître que « les finales vocaliques sont toutes masculines » (p. 46), Rudrauf est, en même temps, tenté d'établir une échelle à 24 rangs pour les rimes consonantiques, « allant des finales les plus brusques et les plus viriles aux plus fémininement suaves » (p. 12 s.) : les rimes à une occlusive sourde forment l'extrême pôle masculin (1°) et les rimes à une spirante sonore le pôle féminin (24°) de l'échelle en question. Si l'on applique cette tentative de classement aux rimes consonantiques des « Chats », on y observe un mouvement graduel vers le pôle masculin qui finit par atténuer le contraste entre les deux genres de rimes : $_1$*austères* - $_4$*sédentaires* (liquide : 19°); $_6$*ténèbres* - $_7$*funèbres* (occlusive sonore et liquide : 15°); $_9$*attitudes* - $_{10}$*solitudes* (occlusive sonore : 13°; $_{12}$*magiques* - $_{14}$*mystiques* (occlusive sourde : 1°).

Table

IMPRIMERIE MAURY A MILLAU (9-83)
D.L. 3e TR. 1977. Nº 4680-2 (G83/8451)

Collection Points

DERNIERS TITRES PARUS

87. Le Traître, *par André Gorz*
88. Psychiatrie et Anti-Psychiatrie, *par David Cooper*
89. La Dimension cachée, *par Edward T. Hall*
90. Les Vivants et la Mort, *par Jean Ziegler*
91. L'Unité de l'homme, *par le Centre Royaumont*
    1. Le primate et l'homme, *par E. Morin et M. Piattelli-Palmarini*
92. L'Unité de l'homme, *par le Centre Royaumont*
    2. Le cerveau humain, *par E. Morin et M. Piattelli-Palmarini*
93. L'Unité de l'homme, *par le Centre Royaumont*
    3. Pour une anthropologie fondamentale
    par E. Morin et M. Piattelli-Palmarini
94. Pensées, *par Blaise Pascal*
95. L'Exil intérieur, *par Roland Jaccard*
96. Semeiotiké, recherches pour une sémanalyse, *par Julia Kristeva*
97. Sur Racine, *par Roland Barthes*
98. Structures syntaxiques, *par Noam Chomsky*
99. Le Psychiatre, son « fou » et la psychanalyse, *par Maud Mannoni*
100. L'Écriture et la Différence, *par Jacques Derrida*
101. Le Pouvoir africain, *par Jean Ziegler*
102. Une logique de la communication
    par P. Watzlawick, J. Helmick Beavin, Don D. Jackson
103. Sémantique de la poésie, *T. Todorov, W. Empson*
    J. Cohen, G. Hartman et F. Rigolot
104. De la France, *par Maria-Antonietta Macciocchi*
105. Small is beautiful, *par E. F. Schumacher*
106. Figures II, *par Gérard Genette*
107. L'Œuvre ouverte, *par Umberto Eco*
108. L'Urbanisme, *par Françoise Choay*
109. Le Paradigme perdu, *par Edgar Morin*
110. Dictionnaire encyclopédique des sciences du langage
    par Oswald Ducrot et Tzvetan Todorov
111. L'Évangile au risque de la psychanalyse (tome 1)
    par Françoise Dolto
112. Un enfant dans l'asile, *par Jean Sandretto*
113. Recherche de Proust, *ouvrage collectif*
114. La Question homosexuelle, *par Marc Oraison*
115. De la psychose paranoïaque dans ses rapports
    avec la personnalité, *par Jacques Lacan*
116. Sade, Fourier, Loyola, *par Roland Barthes*

117. Une société sans école, *par Ivan Illich*
118. Mauvaises Pensées d'un travailleur social *par Jean-Marie Geng*
119. Albert Camus, *par Herbert R. Lottman*
120. Poétique de la prose, *par Tzvetan Todorov*
121. Théorie d'ensemble, *par Tel Quel*
122. Némésis médicale, *par Ivan Illich*
123. La Méthode
    1. La Nature de la Nature, *par Edgar Morin*
124. Le Désir et la Perversion, *ouvrage collectif*
125. Le langage, cet inconnu, *par Julia Kristeva*
126. On tue un enfant, *par Serge Leclaire*
127. Essais critiques, *par Roland Barthes*
128. Le Je-ne-sais-quoi et le Presque-rien
    1. La manière et l'occasion, *par Vladimir Jankélévitch*
129. L'Analyse structurale du récit, Communications 8 *ouvrage collectif*
130. Changements, Paradoxes et Psychothérapie *par P. Watzlawick, J. Weakland et R. Fisch*
131. Onze Études sur la poésie moderne *par Jean-Pierre Richard*
132. L'Enfant arriéré et sa mère, *par Maud Mannoni*
133. La Prairie perdue (le romain américain) *par Jacques Cabau*
134. Le Je-ne-sais-quoi et le Presque-rien
    2. La méconnaissance, *par Vladimir Jankélévitch*
135. Le Plaisir du texte, *par Roland Barthes*
136. La Nouvelle Communication, *ouvrage collectif* (à paraître)
137. Le Vif du sujet, *par Edgar Morin*
138. Théories du langage, théories de l'apprentissage *par le Centre Royaumont*
139. Baudelaire, la Femme et Dieu, *par Pierre Emmanuel*
140. Autisme et Psychose de l'enfant, *par Frances Tustin*
141. Le Harem et les Cousins, *par Germaine Tillion*
142. Littérature et Réalité, *ouvrage collectif*
143. La Rumeur d'Orléans, *par Edgar Morin*
144. Partage des femmes, *par Eugénie Lemoine-Luccioni*
145. L'Évangile au risque de la psychanalyse (tome 2) *par Françoise Dolto*
146. Rhétorique générale, *par le Groupe* μ
147. Système de la Mode, *par Roland Barthes*
148. Démasquer le réel, *par Serge Leclaire*
149. Le Juif imaginaire, *par Alain Finkielkraut*
150. Travail de Flaubert, *ouvrage collectif*